BASTEI
LÜBBE

Im März trat Mutter Teresa als Leiterin
des Ordens der Missionarinnen der Nächstenliebe
zurück. Die Nachfolge übernahm die indische
Krankenschwester Nirmala.
Mutter Teresa verstarb am 5. September 1997
in Kalkutta.

Mutter Teresa
Der einfache Weg

Zusammengestellt von Lucinda Vardey

Aus dem Englischen von
Sabine Schulte

BASTEI
LÜBBE

BASTEI-LÜBBE-TASCHENBUCH
Band 61 399

1. + 2. Auflage Oktober 1997

Originaltitel: A SIMPLE PATH
Originalverlag: Ebury Press (Random House), London
Lizenzausgabe im Bastei-Verlag Gustav H. Lübbe GmbH & Co.,
Bergisch Gladbach
Printed in Germany
Einbandgestaltung: Werner Rebhuhn
Titelfoto: action press/Stare Color Picture
Satz: hanseatenSatz-bremen, Bremen
Druck und Bindung: Ebner Ulm
ISBN 3-404-61399-6

Der Preis dieses Bandes versteht sich einschließlich
der gesetzlichen Mehrwertsteuer.

Inhalt

Wie dieses Buch entstand

Ich kann Ihnen wohl von meinem Weg erzählen«, sagte Mutter Teresa, »aber ich bin nur ein kleines Kabel – Gott ist der Strom. Sprechen Sie mit den anderen, den Schwestern und den Brüdern und denen, die mit ihnen zusammenarbeiten. Manche sind keine Christen, sprechen Sie mit denen. Sie werden erkennen, was der Weg ist, wenn Sie ihn sehen. Er ist sehr schön.«

Die Arbeit an diesem Buch, *Der einfache Weg*, begann vor mehreren Jahren, als Omer Ahmed, der wie ich Filmregisseur ist, ein Treffen mit Mutter Teresa arrangierte, um mit ihr über Ideen für ein Buch und ein Filmprojekt zu sprechen. Omer lebt zwar seit 45 Jahren in London, aber ursprünglich stammt er aus Indien, und seine Urgroßeltern besaßen in Kalkutta in den Bezirken Tiljala und Motijheel Land. Tiljala liegt heute gegenüber von Mutter Teresas Heim für geistig Behinderte, auf der anderen Seite der Eisenbahngleise, und Motijheel ist die Gegend, in der sie ihr erstes Haus gründete. Omers Familie ist muslimisch, aber seine Schwestern gingen alle bei den Loreto-Schwestern zur Schule, wo Mutter Teresa in den dreißiger und vierziger Jahren unterrichtete. Die

Familie unterstützt die Arbeit der Missionarinnen der Nächstenliebe schon seit langem.

Bei uns war das Interesse erwacht, die außergewöhnliche Wirkungskraft Mutter Teresas als Symbol für tätige Liebe zu erforschen. Man hat ihre Wirkung auf das Vorstellungsvermögen der Öffentlichkeit mit den Kreisen verglichen, die ein Stein erzeugt, wenn er in einen ruhigen See geworfen wird. Für viele Nichtchristen repräsentiert Mutter Teresa eine Form des Christentums, die sie vorbehaltlos anerkennen können.

Mutter Teresas Lebensweg ist zwar mittlerweile in fast allen Einzelheiten bekannt, aber vielfach wird nicht verstanden, warum sie und die Frauen ihres Ordens so leben, wie sie leben – und was sie in dieser Zeit der Schwierigkeiten und Verwirrungen des ausgehenden 20. Jahrhunderts den Menschen, die nach einer besseren Lebensweise suchen, möglicherweise Bedeutsames und für sie Nachvollziehbares zu sagen hat. Könnten wir, indem wir zuhören, was sie sagt, und uns ansehen, was sie getan hat und warum, vielleicht mehr darüber lernen, wie wir wahrhaftigen Kontakt zu den Menschen um uns herum finden können? Könnten Mutter Teresa und die Missionarinnen der Nächstenliebe in dieser anscheinend so komplizierten Welt vielleicht Hoffnung schenken?

Mit diesen und vielen anderen Fragen im Kopf warteten wir an einem heißen Julitag im Jahr 1994 im Mutterhaus der Missionarinnen der Nächstenliebe in Kalkutta. Wie in allen Ordenshäusern auf der Welt herrschte eine Atmosphäre von Zweckmäßigkeit und großer Geschäftigkeit. Besucher wurden höflich behandelt, durften aber nicht von der wichtigen Arbeit ablenken, den Ärmsten der Armen zu helfen.

Zuerst wußte Mutter Teresa nicht recht, was sie von der Aussicht auf ein weiteres Buch halten sollte. Sie sagte, sie bezweifelte, daß noch mehr Worte irgendeinem Menschen den Sinn ihrer Mission näherbringen würden. Es sei alles so einfach, sagte sie. Warum sollte jemand eine Anleitung für ihren einfachen Weg brauchen? Wir, oder sonst irgend jemand, brauchten nur zu beten und zu beginnen, einander mehr zu lieben. Zuerst sollten wir uns mit der Arbeit der Missionarinnen und Missionsbrüder der Nächstenliebe so gut wie möglich vertraut machen, und zwar durch Besuche in Shishu Bhavan (dem Kinderheim), in Prem Nivas (dem Zentrum für Leprakranke in Titagarh, das von den Missionsbrüdern der Nächstenliebe geleitet wird), in Nirmal Hriday (dem Haus für die Sterbenden und Notleidenden) und in Prem Dan (dem Haus für Tuberkulosepatienten und geistig Behinderte).

Wir besuchten diese und andere Häuser mehrfach, und diese Erfahrung gab uns die absolute Gewißheit, daß tatsächlich ein Buch nötig war, welches uns lehren würde, zu beten, unbefangener zu lieben und anderen auf bestmögliche Weise zu dienen. Die Missionarinnen der Nächstenliebe mochten solche Fragen ohne weiteres klären können, aber wir im Westen brauchten eine Reihe klar verständlicher, aufeinander aufbauender Schritte, die uns helfen würden, dem Weg zu folgen.

An dieser Stelle wurde Lucinda Vardey, Autorin

religiöser Werke, ausgewählt, um das Buch zusammenzustellen, und sie schloß sich uns bei unseren weiteren Erkundungen an. Während der folgenden Monate gewährten Mutter Teresa und ihre Gemeinschaft uns zunehmend Unterstützung bei unserem Projekt, und wir begannen unsere Arbeit, indem wir sehr ausführlich mit Mutter Teresa über eine breite Palette von Themen sprachen. Dann diskutierten wir ihren Ansatz und die Arbeit der Missionarinnen und Missionsbrüder der Nächstenliebe mit bestimmten Schwestern und Brüdern in Indien und im Westen, die uns von Mutter Teresa vorgestellt wurden. Als nächstes führten unsere Recherchen uns zu Einzelpersonen aus vielen Ländern der Erde, die in den Häusern der Missionarinnen der Nächstenliebe als freiwillige Helfer und Helferinnen gearbeitet hatten. Wir baten sie, uns ebenfalls von ihren Erfahrungen und ihren Ansichten über ihre Arbeit zu berichten. Schließlich lasen und genehmigten Mutter Teresa und ihr Orden den Text dieses Buches und wünschten ihm viel Erfolg. Das Ergebnis wird auf den folgenden Seiten vorgestellt.

John Cairns

Einleitung

Wie auch immer wir über Mutter Teresa als mutige Missionarin oder lebende Heilige urteilen mögen, sie hat einen bleibenden Eindruck hinterlassen. Wir alle haben eine Meinung über sie. Sie wird als Symbolfigur für den Weltfrieden anerkannt und erscheint häufig auf der Liste der zehn am meisten bewunderten Frauen der Welt. Dabei hat sie selbst nie den Anspruch erhoben, etwas Außergewöhnliches zu sein oder zu tun.

Doch wieviel wissen wir eigentlich wirklich über ihre Philosophie und über ihre Arbeit? Wenn wir uns die Mühe machen, hinter ihr Image in der Öffentlichkeit zu schauen, stellen wir fest, daß ihr Glaube und ihre klare Zielstrebigkeit uns eindrücklich lehren, wie wir unsere Mitmenschen, insbesondere die armen und benachteiligten, lieben, wie wir ihnen dienen und wie wir sie respektieren können. Mutter Teresa praktiziert, was sie predigt. Sie geht einen einfachen Weg, dem wir alle folgen können.

In der Vergangenheit wurden uns in Zeiten, in denen die Welt dringend Führung und geistigen Rat brauchte, außergewöhnliche spirituelle Führer gesandt. Diese Menschen, die große seelische Stärke besaßen, waren eindeutig mit dem Göttlichen verbunden, und ihre Lehren waren in vielen Fällen revolutionär. Eine solche Persönlichkeit war der charismatische heilige Franz von Assisi.

Franziskus wurde im zwölften Jahrhundert in Italien geboren und verkaufte seinen gesamten Besitz, um Christi Ruf, seine Kirche zu erneuern, zu folgen. Zuerst widmete er sich einem Leben in Armut (er trug nur eine grobe Kutte), bettelte um Nahrung und pflegte Leprakranke und Ausgestoßene. Später gründete er einen Mönchsorden und war maßgeblich daran beteiligt, die damals sehr reiche und häufig fehlgeleitete katholische Kirche zu reformieren. Als er starb, hatte er über fünftausend Mönche Priester und Nonnen um sich geschart, die seine Arbeit weiterführten. Heute ist der Franziskanerorden einer der größten religiösen Orden der Welt.

Der heilige Franziskus war zu seiner Zeit ein Radikaler – er wurde sogar als Ketzer betrachtet – weil er eine neue Sichtweise des christlichen Lebens bot, indem er als Bettler lebte, an die Vorsehung glaubte und sich genau an die Lehren des Evangeliums hielt. Doch außerdem war ungewöhnlich an ihm, daß er seine Kirche von innen heraus reformierte und nicht, indem er abtrünnig wurde. Mutter Teresas Leben weist viele Ähnlichkeiten mit dem des heiligen Franziskus auf. Auch ihr Weg besteht in einem Leben in Armut und Einfachheit und im Befolgen der Lehren Christi, und daher wird sie im derzeitigen fundamentalistischen Gefüge der patriarchalischen Kirche als fortschrittlich angesehen. Trotzdem predigt sie ihre tätige Liebe und ihren tätigen Frieden in einer

Welt, der es immer noch an durchsetzungsfähigen Frauen in Führungspositionen mangelt, und noch dazu in einer der größten, ärmsten und am stärksten verschmutzten Städte Asiens.

1946 empfing Mutter Teresa Gottes Ruf, den Ärmsten der Armen zu dienen, und sie begann ganz klein, indem sie eine kranke, sterbende Frau pflegte, die sie in Kalkutta auf der Straße gefunden hatte. Heute ist sie Oberhaupt des Ordens der *Missionaries of Charity*, der Missionarinnen und Missionsbrüder der Nächstenliebe, den sie mit dem Segen des Vatikans 1950 gründete. In den vergangenen fünfundvierzig Jahren, während die Zahl der Berufungen in der katholischen Kirche nach und nach abnahm, wuchs dieser Orden, so daß er jetzt weltweit insgesamt über viertausend Mitglieder zählt.

Die Missionarinnen und Missionsbrüder der Nächstenliebe führen ihr Leben in Armut in dem festen Glauben, daß dieser Weg sie näher zu Gott bringen wird. Sie vertrauen auf die göttliche Vorsehung und glauben daran und sind, wie Franziskus, im Hinblick auf die Mittel für ihren Lebensunterhalt und ihre Arbeit ganz auf die Großzügigkeit anderer angewiesen. Und wie Franziskus leben sie, was sie lehren, was auch beinhaltet, daß sie nicht mehr besitzen als die Armen, denen sie dienen. Sie nehmen sehr einfache Mahlzeiten zu sich, besitzen nur einmal Kleidung zum Wechseln, ein Paar Sandalen, einen Eimer, einen Blechteller, die notwendigen Schreibutensilien und dürftiges Bettzeug. Ihr Gemeinschaftsleben ist nach den Worten des Evangeliums aufgebaut – es ist der christliche Weg des Gebets, der Liebe, der Vergebung, der Urteilslosigkeit, der Demut, der Wahrheit und der vollkommenen Hingabe an das Wort Gottes.

Eine kurze Betrachtung einiger wichtiger Stationen im Leben Mutter Teresas soll Licht auf diese vielseitige Frau und auf das Ziel ihrer Arbeit werfen. Mutter Teresa wurde als Agnes Gonxha Bojaxhiu am 26. August 1910 in Skopje in Albanien (Kosovo) geboren. Als jüngstes von drei Kindern erlebte sie eine behütete Kindheit – ihr Vater war Bauunternehmer und Importeur, ihre Mutter war streng, aber liebevoll und tiefgläubig. Nach dem vorzeitigen Tod des Vaters wurde das Leben schwerer, und um die Familie ernähren zu können, eröffnete die Mutter ein Geschäft und verkaufte Stoffe und Stickereien. Als junges Mädchen wurde Agnes Mitglied einer Gruppe junger Leute in ihrer Gemeinde, die sich »Die Sodalität« nannten, und die Aktivitäten in dieser Gruppe, die von einem Jesuitenpriester geleitet wurden, führten dazu, daß Agnes sich für die Missionsarbeit zu interessieren begann.

Ihre erste Berufung zur katholischen Nonne empfing sie mit achtzehn Jahren, und sie trat einem irischen Orden bei – den Loreto-Schwestern, die für ihre Missionsarbeit, vor allem in Indien, bekannt waren. Schon von früher Jugend an wollte Mutter Teresa gern in Indien arbeiten, doch zuerst ging sie nach Irland, um Englisch zu lernen. Anschließend wurde sie als Lehrerin an die St. Mary's High School, die Klosterschule der Loreto-Schwestern in Kalkutta, geschickt. Das war am 6. Januar 1929, und als sie am 24. Mai 1931 ihre Ordensgelübde als Loreto-Schwester ablegte, wählte sie den Namen Teresa, nach der heiligen Theresa von Lisieux, genannt »kleine Blume Jesu«.

Die Entscheidung, das Heimatland zu verlassen und auf die andere Seite des Erdballs zu gehen, und die Wahl der heiligen Theresa von Lisieux zur Namenspatronin sind zwei wesentliche Hinweise für das Verständnis von Mutter Teresas Kraft, Charakterstärke und Zielstrebigkeit. Sie hatte den glühenden Wunsch, nicht nur ein religiöses Leben zu führen, sondern eindeutig Missionsarbeit zu leisten – »hinauszugehen und den Menschen das Leben Christi zu bringen«, wie sie diese erste Berufung bezeichnete.

Das Leben einer Missionarin ist von Hingabe gekennzeichnet, die mit einem deutlichen Bestreben nach Bekehrung Andersgläubiger und einem starken Glauben an tätiges Mitgefühl verbunden ist. Mutter Teresas Pioniergeist zeigte sich von Anfang an. Doch Missionsarbeit besteht nicht nur in mitfühlenden Handlungen, und Mutter Teresa gibt uns einen ersten Hinweis auf die kontemplative Seite ihrer Mission, indem sie Theresa von Lisieux zu ihrer heiligen Führerin erwählt. Als jüngstes von fünf Kindern in Frankreich geboren, trat Theresa 1888 im frühen Alter von fünfzehn Jahren in den Orden der Karmeliterinnen ein und verkündete, ihre Berufung sei »Liebe« und eine ihrer Hauptaufgaben sei es, für Priester und Missionare zu beten. Da sie selbst aus Krankheitsgründen nicht Missionarin werden konnte, lehrte sie eine Religiosität, die einfach, voller Opfergeist und Großzügigkeit und an der Wahrheit des Evangeliums ausgerichtet war. Sie schrieb: »Mein kleiner Weg ist der Weg der Kindlichkeit im Geiste, der Weg des Vertrauens und der absoluten Selbstaufgabe.« Sie verglich sich mit einem »Ball in den Händen des Jesuskindes«. Mutter Teresa sieht ihren einfachen Weg des Glaubens und der Selbstaufgabe allerdings nicht so spielerisch, sondern eher praktisch, indem sie sich als »Bleistift in Gottes Hand« bezeichnet.

In Kalkutta lehrte Mutter Teresa an der St. Mary's High School Geographie und Katechismus und lernte gleichzeitig Hindi und Bengali, und 1944 übernahm sie als Direktorin die Leitung der Schule. Es war eine schwere Zeit – mit Lebensmittelrationierungen und zunehmender Arbeitsbelastung –, und Mutter Teresa, die auch in normalen Zeiten körperlich nicht sehr widerstandsfähig war, bekam Tuberkulose. Sie konnte ihre Lehrtätigkeit nicht fortsetzen und wurde nach Darjeeling geschickt, der Stadt in den Ausläufern des Himalaja.

Am 10. September 1946 empfing Mutter Teresa im Zug nach Darjeeling ihre zweite Berufung – »die Berufung in der Berufung«, wie sie selbst sie bezeichnet, »und wenn das geschieht, bleibt einem nichts anderes übrig, als ›ja‹ zu sagen. Die Botschaft war eindeutig – ich sollte alles aufgeben und Jesus in die Slums folgen, ihm in Gestalt der Ärmsten der Armen dienen. Ich wußte, daß es sein Wille war und daß ich ihm folgen mußte. Es gab keinen Zweifel daran, daß es sein Werk sein würde. Ich sollte den Konvent verlassen und bei den Armen arbeiten und unter ihnen leben. Es war ein Befehl. Ich wußte, wo ich hingehörte, aber ich wußte nicht, wie ich dort hinkommen sollte.«[1] Es dauerte einige Jahre, bis sie die Erlaubnis erhielt, ihren missionarischen Dienst nicht mehr als Lehrerin, sondern als Dienerin abzuleisten, ein Dasein in einer sicheren und behaglichen Gemeinschaft einzutauschen gegen ein Leben, in dem sie außer ungewöhnlichem Glauben und bemerkenswertem Weitblick nichts besaß.

Viele Schwestern, die während Mutter Teresas neunzehnjähriger Tätigkeit als Lehrerin mit ihr zusammenarbeiteten, berichteten in Interviews von der zarten Gesundheit und der Unauffälligkeit der damaligen Schwester Teresa. Heute dagegen könnte man sie als Inbegriff der energiegeladenen Unternehmerin betrachten, die einen Bedarf erkannt hat und darauf reagiert, die allen Erwartungen zum Trotz eine Organisation aufgebaut, ihre Satzung formuliert und Filialen in der ganzen Welt gegründet hat. Und darin liegt ein weiteres Beispiel für das Ungewöhnliche ihrer Persönlichkeit und ihres Lebens. Mutter Teresa ist eine seltene Mischung aus einer Frau, die mit beiden Beinen auf der Erde steht, und einer transzendenten Seele, eine Mischung, die durch Gebet entsteht, das ihr, wie sie sagt, hilft, »das richtige Gleichgewicht zwischen Erde und Himmel« zu finden. Dieses Gleichgewicht zwischen einem starken Willen und der völligen Hingabe an Gott ist insofern lehrreich, als Mutter Teresa von ihrem Fortschritt bei ihrem Bemühen um Heiligkeit gesagt hat, daß »er von Gott und von mir selbst abhängt – von Gottes Gnade und meinem Willen. Der erste Schritt, es zu werden, besteht darin, es zu wollen«.

---

[1] E. Egan, *Such a Vision of the Street* (London, 1985), S. 25

Wenn Mutter Teresa nach ihrer Heiligkeit gefragt wird, antwortet sie immer ganz nüchtern, Heiligkeit sei eine Notwendigkeit im Leben, und erklärt weiter, sie sei nicht der Luxus einiger weniger, etwa derjenigen, die sich für ein religiöses Leben entschieden hätten, sondern »die einfache Pflicht aller. Heiligkeit ist jedermanns Sache«.

Die Tatsache, daß sie von vielen als »lebende Heilige« bezeichnet wird, hängt vielleicht damit zusammen, daß sich das Konzept der Ausgeglichenheit in der heutigen Welt zunehmender Wertschätzung erfreut. Der berühmte indische Lehrer Krishnamurti interpretierte den Begriff »Heiligkeit« als Ableitung von »Heilheit«, das soll heißen, daß unsere vielen verschiedenen Facetten alle in einem ganzen, einem heilen Menschen zusammengefügt werden. Mutter Teresas religiöser Weg zeigt, wie wichtig es ist, ein Gleichgewicht zwischen dem andächtigen, kontemplativen Dasein und dem praktischen Leben der liebevollen Tat zu schaffen. Sicherlich ist dieser Weg einfach, aber Mutter Teresas Einfachheit gründet sich auf jahrzehntelanger Erfahrung und Hingabe, die zu unübertroffenem Glauben und unübertroffener Willenskraft und Weisheit führten.

Dieses Gleichgewicht zwischen dem Bewußtsein von den alltäglichen Sorgen und Nöten im Hier und Jetzt und der umfassenderen, stärker auf die Ewigkeit ausgerichteten Perspektive gestattet Mutter Teresa, respektvoll vertraulich, pragmatisch und feinfühlig, verletzlich und doch stark, erdverbunden und doch kontemplativ und andächtig zu sein. Die beiden folgenden Geschichten schildern, wie sie sowohl großzügig als auch einfühlsam sein kann. Ein englischer Helfer war tief beeindruckt, als er Mutter Teresa als Teenager an seiner Schule kennenlernte. »Sie konnte mit uns genausogut sprechen wie mit allen anderen. Ich glaube, das war es, was uns so beeindruckt hat, sie hatte unsere Wellenlänge. Jedesmal, wenn ich ihr seitdem begegnet bin, habe ich das wieder so empfunden. Mit wem auch immer sie gerade spricht, er wird zum wichtigsten Menschen vor ihr. Es spielt keine Rolle, ob du Präsident oder ein kleiner Mann von der Straße bist. Das mag ich gern, und ich glaube, daß die meisten, die ihr begegnet sind, dieses Gefühl bei ihr haben.«

Eine Frau, die den Missionarinnen der Nächstenliebe in Kalkutta half und zu jener Zeit gerade über ihren eigenen Weg nachdachte, traf Mutter Teresa zufällig auf dem Balkon vor ihrem Zimmer im Mutterhaus. »Da waren gerade ein paar Leute bei ihr – ein indisches Paar war vor mir, und plötzlich drehte Mutter Teresa sich um und sah mich an und sagte: ›Wann entscheiden Sie sich?‹ Ich war völlig verdattert, denn ich hatte überhaupt nichts gesagt. Irgendwie wußte sie auf einer ganz tiefen Ebene, wo ich mich gerade befand. Es bewegte mich sehr – sie berührte mich, und ich verbrachte den restlichen Tag in der Kapelle, weinte und erholte mich. Dann wußte ich, daß ich die Entscheidung über meinen Weg fällen mußte, die ich sehr lange aufgeschoben hatte.«

Weil Mutter Teresa international so hohes Ansehen genießt, wird auch viel von ihr erwartet.

Warum wird sie als Frau nicht zur Sprecherin für

die wichtigen Frauenthemen, nicht nur in der Kirche, sondern auch in der Welt? Mutter Teresa würde in ihren Äußerungen sicher nie von der kirchlichen Lehre abweichen – das dürfte sie nicht und wollte es auch wahrscheinlich gar nicht. Wenn sie nach den brennenden Problemen der Abtreibung oder des Priesteramtes für Frauen gefragt wird, sind ihre Positionen eindeutig. Jedes Menschenleben, ohne Ausnahme, ist Gott kostbar, und als Antwort auf Fragen nach der Rolle der Frau bei wichtigen geistlichen Ämtern sagt Mutter Teresa, Maria, die Mutter Christi, wäre eine bessere Priesterin gewesen als wir alle, hätte sich jedoch als Magd des Herrn bezeichnet und diese Rolle beibehalten. Maria ist das Vorbild Mutter Teresas und aller Missionarinnen der Nächstenliebe, und sie wird als Symbol großer Heiligkeit, Reinheit, Keuschheit, Selbstaufgabe und heiliger Mutterschaft innig angebetet. Diese Hingabe an die Gottesmutter ist ein weiblicher Weg zum Herzen Christi. Eines der Gebete, die Mutter Teresa und die Missionarinnen der Nächstenliebe häufig sprechen, lautet:

Maria, Mutter Jesu, schenke mir dein Herz
so schön, so rein, so unbefleckt,
so voller Liebe und Demut,
damit ich fähig werde,
Jesus im Brot des Lebens zu empfangen,
Ihn zu lieben, wie du Ihn geliebt hast,
und Ihm in der erschütternden
Verkleidung der Ärmsten der Armen
zu dienen.

Bei dem Dienst (an den Armen), den Mutter Teresa in diesem Buch genau beschreibt, geht es nicht unbedingt darum, etwas für die Armen zu tun, sondern wichtig ist, daß man in ihren Leiden bei ihnen ist, daß man an Christi Leiden teilhat. Mutter Teresa weist oft darauf hin, daß der heilige Johannes und unsere gebenedeite Mutter Maria unter dem Kreuz eben das getan haben.

In vielen Häusern der Missionarinnen der Nächstenliebe stehen große, manchmal auffallend große Marienstatuen. Oft wird die Muttergottes in einem blauweißen Gewand dargestellt, so wie sie der heiligen Bernadette in Lourdes erschien, oder als Himmelskönigin mit einem Heiligenschein aus Sternen und Lichtern. Doch häufig finden sich auch Anzeichen für Mutter Teresas ökumenische Haltung. In Kalkutta steht zum Beispiel gleich am Eingang von Prem Dan, dem Haus für Tuberkulosekranke und geistig Behinderte, eine lebensgroße Madonnenstatue mit blauem Umhang, die einen katholischen Rosenkranz in der Hand hält, doch bei näherer Betrachtung stellt man fest, daß sie indische Gesichtszüge aufweist, ein weißes indisches Gewand trägt und an den Füßen von einer riesigen rosa Lotosblüte gehalten wird.

Viele Aufgaben, die normalerweise von Priestern wahrgenommen werden, im Dankesgottesdienst zum Beispiel und in bestimmten Abschnitten der täglichen heiligen Messe, werden von den Schwestern und von Mutter Teresa selbst übernommen, und im allgemeinen dient man Gott ohne allzuviel einengende Etikette.

Mutter Teresa hat einmal von sich gesagt: »Vom Blut und von der Herkunft her bin ich ganz Albanerin. Ich bin indische Staatsbürgerin. Ich bin eine katholische Nonne. Von meiner Berufung her gehöre ich der ganzen Welt. Und was mein Herz angeht, gehöre ich allein dem Herzen Jesu.«[2] Ihre Rolle in der Welt definiert sie folgendermaßen: »Unsere Arbeit besteht darin, Christen und Nichtchristen zu Werken der Liebe zu ermutigen. Und jede Liebestat, die aus ganzem Herzen vollbracht wird, bringt den Menschen näher zu Gott.«[3] Ihr Auftrag des Erbarmens besteht darin, durch die Linderung der Leiden anderer Liebe in der Welt zu verbreiten – mit Hilfe einer katholischen Schwesternschaft und Bruderschaft, die einer größtenteils nichtchristlichen Gemeinde dienen, und die die Menschen, denen sie helfen, nicht drängen, zum katholischen Glauben zu konvertieren.

Mutter Teresa hat sich entschieden, dort zu lieben, wo die meisten es nicht könnten, inmitten der Armen und den Leidenden. Und dort hat sie die Früchte ihrer Mühen gefunden und die Elemente des einfachen Weges.

Der einfache Weg

Der christliche Weg hat immer darin bestanden, Gott und den Nächsten wie sich selbst zu lieben, doch

---

[2] Ebd., S. 357
[3] Ebd.

Mutter Teresa hat, vielleicht unter dem Einfluß des Ostens, sechs Schritte hervorgehoben, die dazu dienen, in uns selbst und in anderen Frieden zu schaffen. Jeder kann diese Schritte nachvollziehen, man braucht dazu weder Christ zu sein noch überhaupt einer Religion anzugehören, und andere religiöse Überzeugungen oder Praktiken werden nicht angetastet. Daher können wir, wenn wir das möchten, beim Lesen der Worte Mutter Teresas und ihrer Mitarbeiterinnen für Jesus Christus andere Gottheiten oder Symbole der Göttlichkeit einsetzen.

Mutter Teresa jedoch hat den christlichen Weg gewählt, und ihr göttlicher Führer ist Jesus Christus. Ihre Hingabe an Christus ist bei allem, was sie und die anderen Missionarinnen der Nächstenliebe tun, der zentrale Faktor. Neben den Gelübden der Armut, des Gehorsams und des rückhaltlosen und unentgeltlichen Dienstes an den Ärmsten der Armen legen Männer und Frauen des Ordens das Gelübde der Keuschheit ab, durch das die Frauen sich Christus widmen, während die Herzen der Männer frei bleiben, um »stärker von der Liebe zu Gott und allen Menschen entflammt zu werden«.[4] Mutter Teresa (und jede ihrer Schwestern) bezeichnet sich selbst als »Christi Gemahlin«; die Schwestern sind dazu aufgerufen, diese Beziehung für ihr ganzes Leben einzugehen und Jesus aus ganzem Herzen zu lieben. Mutter Teresa bemerkte zu dieser Beziehung einmal, sie sei der Liebe einer verheirateten Frau zu ihrem Ehemann ähnlich: »Wir sind alle Frauen, die die Fä-

---

[4] Ebd., S. 307

higkeit besitzen, von dieser Liebe Gebrauch zu machen. Wir sollten uns nicht schämen, Jesus mit unseren Gefühlen zu lieben.« Das berechtigte sie dazu, auf die vielen Kommentare, daß sie verheiratet sein müsse, um so viel Weisheit über Liebe in Beziehungen zu besitzen, zu antworten: »Ja, das bin ich auch, aber manchmal fällt es mir schwer, ihn anzulächeln, weil er so anstrengend sein kann!« Doch diese Widmung, diese Hingabe an Gott durch das Gelübde der Keuschheit, muß als Kernpunkt des Lebens einer jeden Ordensschwester verstanden werden. Indem sie das Gelübde ablegt, entsagt sie einer weltlichen Ehe und wird Gott geweiht. Diese Bindung ist stärker als das Band der Ehe, denn nur durch die Liebe Gottes kann anderen Menschen Liebe geschenkt werden. »Ich kann nicht guten Gewissens ein Wesen so lieben, wie eine Frau einen Mann liebt«, hat Mutter Teresa einmal gesagt, »ich habe nicht mehr das Recht, diese Zuneigung irgendeinem anderen Wesen als Gott zu schenken.«

Die Missionarinnen der Nächstenliebe, die Beiträge zu diesem Buch geliefert haben, berichteten uns von ihrer Berufung zu diesem besonderen Leben und zu den Gelübden. Eine erzählte: »Ich habe früher viel über Mutter Teresa und ihre Arbeit gelesen, mein Glaube war sehr stark, und ich glaubte an die Bibelworte: ›Was immer ihr dem Geringsten unter meinen Brüdern getan habt, das habt ihr mir getan.‹ Schon als Kind dachte ich, das würde meine Lebensaufgabe werden, und als ich älter wurde, wurde mir klar, daß das ein möglicher Weg für mich war, auf dem ich immer mehr für Jesus tun könnte. Es war ein deutlicher und unmittelbarer Ruf, denn ich wußte, daß ich hier diese Arbeit für Christus tun könnte, jeden Moment meines Lebens für andere hingeben, das kann ich Gott darbringen.« Eine andere Schwester meinte: »Was immer ich auch tue, ich tue es für Jesus. Sonst wäre es wertlos, nutzlos. Wenn ich also weiß, daß ich es für ihn tue, kann ich es liebevoller und mitfühlender für die leidenden Menschen tun. Zu wissen, daß ich es für ihn tue, gibt meinem Leben viel Sinn, und dieser Sinngehalt nimmt täglich zu.«

In der Satzung der Missionarinnen der Nächstenliebe wird diese Hingabe an Christus bezeichnet als »ein Liebesbund, der tausendmal stärker ist als jener aus Fleisch und Blut«. In diesem Einssein also und mit Hilfe dieses Bundes beten, lieben, arbeiten und teilen Mutter Teresa und die Missionarinnen der Nächstenliebe in ihrer Gemeinschaft. Und von diesem innigen Liebesbund aus werden die Schritte des einfachen Weges unternommen, in Armut und um das Leiden zu lindern. Christus hat in dieser Welt nicht nur geliebt, sondern er hat seine Liebe auch durch sein Leiden am Kreuz gezeigt. Mutter Teresas Vorgehensweise besteht darin, die Not zu lindern, die sie in den Augen aller Armen und Leidenden sieht. Weltweit stehen über allen Kruzifixen in den Kapellen der Schwestern die Worte »Mich dürstet«, die Jesus sprach, bevor er starb, und sie erinnern alle Missionarinnen und Missionsbrüder an die Bedeutung jeder ihrer Handlungen. »Unser Ziel besteht darin, den unendlichen Durst Jesu Christi am Kreuze nach der Liebe der Seelen zu stillen. Wir dienen

Jesus in den Armen, wir pflegen ihn, speisen ihn, kleiden ihn, besuchen ihn« (aus der Satzung).

Die Definition der Armut wird von Mutter Teresa weit gefaßt. Als die »Geringsten unter meinen Brüdern« definiert sie

> »die Hungrigen und die Einsamen, denen nicht nur Nahrung fehlt, sondern das Wort Gottes, die Durstigen und die Unwissenden, denen nicht nur Wasser fehlt, sondern auch Wissen, Friede, Wahrheit, Gerechtigkeit und Liebe, die Nackten und die Ungeliebten, denen nicht nur Kleidung fehlt, sondern auch Menschenwürde, die Unerwünschten, die ungeborenen Kinder, die wegen ihrer Rassenzugehörigkeit Diskriminierten, die Obdachlosen und Verlassenen, denen nicht nur ein Obdach aus Ziegelsteinen fehlt, sondern auch ein verstehendes, liebendes, beschützendes Herz, die Kranken, die notleidenden Sterbenden und die Gefangenen, nicht nur körperlich, sondern auch geistig und seelische. Alle, die die Hoffnung und den Glauben an das Leben verloren haben, die Alkoholiker und die Drogensüchtigen und alle, die Gott verloren haben (für sie WAR Gott, aber Gott IST) und die alle Hoffnung auf die Kraft des heiligen Geistes verloren haben«.

Ein Priester, der einmal den Schwestern in Kalkutta half, sagte von den Armen: »Das sind die Menschen, die nichts zu beweisen oder zu schützen haben – kein Posieren, keine Verstellung, weder vor den Menschen noch vor Gott. Wenn man nichts mehr hat, bleibt einem nichts anderes übrig, als man selbst zu sein, und man kann nur empfangen. Und das ist, in gewissem Sinne, der Grund, warum die Armen gesegnet sind, denn sie wissen, worauf es wirklich ankommt.«

Um den Armen zu dienen, um ihnen das Empfangen zu ermöglichen, ist eine gewisse Selbstaufgabe notwendig. Mutter Teresa erklärt die Armut in ihrem Leben zur Bedingung für ihre Arbeit.[5] »Wie kann man die Armen wirklich kennen, wenn man nicht so ist wie sie?« fragt sie. »Wenn sie sich über das Essen beschweren, können wir sagen, daß wir das gleiche essen. Je mehr wir haben, desto weniger können wir geben. Armut ist ein wunderbares Geschenk, denn sie gibt uns Freiheit – sie bedeutet, daß uns auf dem Weg zu Gott weniger Hindernisse im Weg stehen.« Darum lehnen die Missionarinnen und Missionsbrüder der Nächstenliebe immer ab, wenn ihnen Gastfreundschaft angeboten wird. »Den Armen in ihren Hütten und Slums wird selten überhaupt irgend etwas angeboten, daher lehnen wir aus Achtung und aus Mitgefühl mit ihnen ebenfalls immer ab.«

Ebenso wie eine gewisse Armut nötig ist, damit man lieben und dienen kann, ist es wichtig, »kleine Dinge mit großer Liebe zu tun«. Mutter Teresa bemerkt: »Es ist einfach, aber nicht leicht«, und erläutert dann das Leiden, das solche Taten normalerweise begleitet. Es gibt fünf Arten des Leidens – körperliches, geistiges, emotionales, finanzielles und spirituelles Leiden, und eine oder alle dieser Arten kommen irgendwann ins Spiel, ob man nun der lei-

---

[5] Omer Tanghe, ». . . *For The Least Of My Brothers*« (New York, 1989)

dende Empfänger von Liebe ist oder derjenige, der dem Leidenden Liebe schenkt. Alles Leiden wird als Opfer betrachtet. Mutter Teresa verwendet Formulierungen wie »lieben, bis es schmerzt«, und »wenn es schmerzt, ist es um so besser«. Sie glaubt, daß man durch Verstehen und bereitwilliges Annehmen des Schmerzes in die Lage versetzt wird, seinen letztendlichen Wert zu erkennen. Dieser Gedanke ist mit der Erlösung des leidenden Christus verbunden.

> »Jesus wollte helfen, indem er unser Leben teilt, unsre Einsamkeit, unsre Schmerzen, unsern Tod. Nur weil er eins mit uns wurde, hat er uns erlöst. Wir dürfen das gleiche tun; all das Elend der armen Leute, nicht nur ihre materielle Armut, sondern auch ihre geistige Not, muß erlöst werden, und wir müssen es teilen, denn nur, wenn wir eins mit ihnen sind, können wir sie erlösen, das heißt, daß wir Gott in ihr Leben bringen und sie zu Gott bringen.«[6]

Diese Anteilnahme am Leiden und an der Armut durch Taten der Liebe und der Güte ist die Basis der Missionsarbeit der Missionarinnen der Nächstenliebe. »Ohne unser Leiden wäre unsere Arbeit bloße Sozialarbeit.«[7] Das Annehmen des Leidens, nicht auf stoische, aufopfernde Weise, sondern mit Heiterkeit

---

[6] Malcolm Muggeridge, *Mutter Teresa. Leben und Wirken der Friedensnobelpreisträgerin.* Aus dem Engl. von Hans Schmidthüs (Freiburg im Breisgau: Herder 1972), S. 58

[7] E. Egan, a. a. O.

und Fröhlichkeit, bringt Freude in die Arbeit der Schwestern und Brüder. »Was hilft das Murren«, sagt Mutter Teresa, »wenn man das Leiden annimmt und es Gott darbringt, bereitet das Freude. Leiden ist ein großes Geschenk Gottes; die, die es bereitwillig annehmen, die innig lieben, die sich selbst darbringen, wissen um seinen Wert.«[8]

Mutter Teresa lädt uns ein, Armut und Leiden kennenzulernen und das Glück und die Freude zu erfahren, die aus Geben und Empfangen erwachsen, und zwar nicht nur durch die Lektüre dieses Buches, sondern im täglichen Leben und durch Beteiligung an der Arbeit. Durch das Erlebnis des Kontaktes können wir alle die Wahrheit ihrer Worte und der Worte anderer, die den Weg gegangen sind, erfahren – und dieser Kontakt kann an jedem beliebigen Punkt der sechs Schritte hergestellt werden. Es ist ein Kontakt der Vertrautheit, des Glaubens, der Überzeugung, des Herzens und der Gnade, und er wird von seinen Früchten genährt. Diese Früchte hat Mutter Teresa immer wieder erfahren – es gibt nicht mehr zu sagen als das, was sie in diesem Buch sagt. Anhand ihrer Worte und ihrer Arbeit können wir diese Früchte selbst kennenlernen, wir können etwas Außergewöhnliches leisten, indem wir etwas Gewöhnliches mit Liebe tun – »einfach Tag für Tag«, wie Mutter Teresa rät.

Dieses Buch erläutert die Einzelheiten der Schritte auf dem Weg, für uns selbst und andere zu sorgen,

---

[8] Edward Le Joly, *Wir leben für Jesus. Mutter Teresas geistlicher Weg* (Freiburg im Breisgau: Herder, 2. Aufl. 1981)

und es ist eine Erinnerung daran, »daß ihr hingehet und Frucht bringet und eure Frucht bleibe« (Joh. 15,16).

Lucinda Vardey

Bevor Sie weiterlesen

Ein indischer Geschäftsmann, der Mutter Teresa sehr verehrt, ließ einmal für sie fünf Zeilen auf kleine gelbe Kärtchen (siehe Seite 35) drucken. Sie nennt diese Kärtchen ihre »Visitenkarten« und verteilt sie freigebig, denn sie erläutern die Richtung ihrer Arbeit, ihren einfachen Weg. Dieser Weg ist die Essenz ihrer langjährigen Erfahrung mit der Arbeit für ihre Mitmenschen aus Liebe zu Gott. Er besteht aus sechs Schritten: Stille, Gebet, Glaube, Liebe, Dienen und Friede. Die Vertrautheit mit einer Stufe führt ganz natürlich zur nächsten. Wenn man sich dem Wesen dieses Prozesses hingibt, verläuft das Leben ganz von selbst problemloser, freudiger und friedlicher.

Über die Jahre hinweg haben Frauen und Männer die Eingebung gehabt, sich Mutter Teresa bei ihrer Arbeit anzuschließen. Sie haben die Gelübde der Armut, der Keuschheit, des Gehorsams und des rückhaltlosen, unentgeltlichen Dienstes an den Ärmsten der Armen abgelegt und sich einer langjährigen Ausbildung unterzogen, um Mitglieder der Missionarinnen und Missionsbrüder der Nächstenliebe zu werden. Der Orden wurde von Mutter Teresa gegründet, und daher werden seine Mitglieder von ihr und mit ihrer Unterstützung ausgebildet. Arbeit und Einstellung der Nonnen und Mönche, die in diesem Buch zu Wort kommen, sind also von Mutter Teresas einfacher Philosophie geprägt.

Diese Ansteckungskraft, die immer weitere Kreise zieht, kommt auch in den Erfahrungen der ehrenamtlichen Helferinnen und Helfer zum Ausdruck, die die Missionarinnen der Nächstenliebe auf der ganzen Welt unterstützen. Bei der Arbeit neben den Schwestern und Brüdern haben auch sie Mutter Teresas Einstellung zum Leben angenommen. Sie leben diese Haltung und haben sie in vielen Fällen auch den besonderen Bedingungen des Westens entsprechend umgeformt. Daher sind ihre Zeugnisse ebenfalls wertvoll und anregend.

Indem wir, die Leser, einige der vielen Gedanken und Vorschläge in diesem Buch erwägen und in die Tat umsetzen, können auch wir die Vorzüge des einfachen Weges entdecken – und wir brauchen dazu weder Katholiken zu sein, noch überhaupt einer bestimmten Religion anzugehören. Auf den folgenden Seiten finden sich zahlreiche praktische Handlungsanleitungen, die wir selbst in unserer eigenen Umgebung ausprobieren können. Wenn Stille oder Gebet uns nicht vertraut sind und wir nicht so genau wissen, ob wir überhaupt an irgend etwas glauben, dann, so schlägt Mutter Teresa vor, sollten wir versuchen, kleine Werke der Nächstenliebe zu vollbringen – und wir werden feststellen, daß unsere Herzen sich öffnen. Entscheidend ist, daß wir, wenn wir das Buch gelesen haben, etwas *tun* – irgend etwas, und daß wir (und andere) durch diese Liebestat bereichert werden.

Der einfache Weg

Die Frucht der Stille
ist das Gebet.
Die Frucht des Gebets
ist der Glaube.
Die Frucht des Glaubens
ist die Liebe.
Die Frucht der Liebe
ist das Dienen.
Die Frucht des Dienens
ist der Friede.

Gebet

Die Frucht der Stille
ist das Gebet

Wir alle müssen uns Zeit dafür nehmen, still zu sein und uns zu besinnen, vor allem aber gilt das für diejenigen, die in Großstädten wie London und New York leben, wo alles so schnell geht. Darum habe ich beschlossen, unser erstes Haus für kontemplative Schwestern (die dazu berufen sind, den größten Teil des Tages zu beten) in New York statt im Himalaja zu eröffnen, denn ich hatte das Gefühl, daß Stille und Kontemplation in den Städten der Welt eher gebraucht werden.

Ich beginne mein Gebet immer schweigend, denn in der Stille des Herzens spricht Gott. Gott ist der Freund der Stille – wir müssen Gott lauschen, denn wichtig ist nicht, was wir sagen, sondern was er zu uns und durch uns sagt. Beten nährt die Seele – was das Blut für den Körper ist, ist das Gebet für die Seele, und es bringt uns näher zu Gott. Außerdem schenkt es ein sauberes, reines Herz. Ein reines Herz kann Gott sehen, es kann mit Gott sprechen und kann die Liebe Gottes in anderen erkennen. Wenn man ein reines Herz hat, heißt das, daß man offen und ehrlich mit Gott ist, man versteckt nichts vor ihm, und das läßt ihn nehmen, was er von einem will.

Wenn du nach Gott suchst und nicht weißt, wo du anfangen sollst, lerne zu beten und mache dir die Mühe, jeden Tag zu beten. Man kann jederzeit beten, überall. Man braucht dazu nicht in einer Kapelle oder einer Kirche zu sein. Du kannst bei der Arbeit beten – die Arbeit muß dich nicht vom Gebet abhalten, und das Gebet muß dich nicht von der Arbeit abhalten. Du kannst auch einen Priester oder einen Geistlichen aufsuchen und um Rat bitten, oder du kannst versuchen, direkt mit Gott zu sprechen. Sprich einfach. Sage ihm alles, rede mit ihm. Er ist unser Vater, er ist unser aller Vater, welcher Religion auch immer wir angehören mögen. Wir sind alle von Gott geschaffen, wir sind seine Kinder. Wir müssen ihm unser Vertrauen schenken und ihn lieben, an ihn glauben, für ihn arbeiten, ihm vertrauen. Und wenn wir beten, werden wir alle Antworten bekommen, die wir brauchen.

Ohne Gebet könnte ich nicht einmal eine halbe Stunde lang arbeiten. Ich erhalte meine Kraft von Gott, durch das Gebet, und das verstehen alle Schwestern, unter ihnen auch Schwester Dolores, die seit fünfunddreißig Jahren unserem Orden angehört und jetzt Nirmal Hriday leitet, das Sterbehaus für die Notleidenden in Kalkutta:

»Jeden Morgen wachen die Schwestern mit dem Wissen darum auf, was sie wieder werden durchstehen müssen, was manchmal sehr schwer für sie ist. Das Gebet verleiht ihnen Kraft, es unterstützt, hilft und gibt uns allen die Freude, das zu vollbringen, was wir tun müssen. Wir beginnen den Tag mit Beten und mit einer Messe, und wir beenden ihn mit einer Stunde der Anbetung Jesu. Um ununterbrochen tätig zu sein und ständig zu geben, braucht man Gottes Gnade – ohne sie könnten wir unmöglich leben.«

Auch Schwester Charmaine José, die das Kinderheim Shishu Bhavan in Kalkutta betreut, sagt:

»Ich weiß nicht, wie wir ohne Gebet mit dieser Hitze und dieser vielen Arbeit fertig werden sollten, aber die Arbeit ist ganz und gar für ihn, daher tun wir sie gern.«

Schwester Kateri, die Mutter Oberin in unserem Haus in der Bronx in New York, berichtet von ihren eigenen Erfahrungen damit:

»Das Wichtigste, was ein Mensch tun kann, ist beten, denn wir sind für Gott geschaffen, und unsere Herzen sind so lange ruhelos, bis wir bei ihm ruhen. Und im Gebet bekommen wir Kontakt zu Gott. Wir sind für den Himmel geschaffen, und wir werden nicht in den Himmel kommen, wenn wir nicht auf irgendeine Weise beten. Es müssen nicht unbedingt förmliche Gebete sein.

Früher habe ich oft mit den Männern, die ich im Gefängnis besucht habe, darüber gesprochen. Ich nannte ihnen das Beispiel: Wenn Sie eine Reise machen müßten, was würden Sie dann brauchen? Und die Männer sagten: ›Wir würden ein Auto brauchen, und Benzin würden wir brauchen.‹ (Ein Mann sagte: ›Musik‹!) Wir hatten viel Spaß dabei, denn normalerweise kamen wir zu dem Schluß, daß Beten der Sprit war und das Auto unser Leben, daß die Reise in den Himmel ging, daß man eine Straßenkarte brauchte und wissen mußte, wo man hinwollte und so weiter. Damit will ich sagen, daß der Kraftstoff unseres Lebens das Gebet ist, und ohne das Gebet werden wir unser Ziel nicht erreichen und die Erfüllung unseres Daseins nicht finden.«

Wie man betet: Eine einfache Verbindung mit Gott

Beginne und beende den Tag mit einem Gebet. Komme als Kind zu Gott. Wenn dir das Beten schwerfällt, kannst du sagen: »Komm, Heiliger Geist, führe mich, schütze mich, räume meinen Geist leer, damit ich beten kann.« Oder wenn du zu Maria betest, kannst du sagen: »Maria, Mutter Gottes, sei mir jetzt eine Mutter, hilf mir beten.«

Wenn du betest, danke Gott für all seine Gaben, denn alles ist sein und ein Geschenk von ihm. Deine Seele ist ein Geschenk Gottes. Wenn du Christ bist, kannst du das Vaterunser sprechen, wenn du katholisch bist, das Vaterunser, das Gegrüßet seist du, Maria, den Rosenkranz, das Glaubensbekenntnis – alle üblichen Gebete. Wenn du oder deine Familie einer anderen Religion angehör(s)t, bete dementsprechend.

Wenn du dem Herrn und der Kraft des Gebetes vertraust, wirst du alle Gefühle des Zweifels, der Angst und der Einsamkeit, die Menschen normalerweise verspüren, überwinden.

Wenn dich etwas bedrückt, kannst du, wenn du

Katholikin oder Katholik bist, zur Beichte gehen und völlig rein werden, denn durch den Priester vergibt Jesus alles. Es ist ein schönes Geschenk von Gott, daß wir voller Sünden zur Beichte gehen dürfen und völlig rein entlassen werden. Aber ob man nun zur Beichte geht oder nicht, wenn man katholisch ist, oder ob man einer anderen Religion angehört, man sollte zumindest wissen, wie man sich bei Gott entschuldigt.

Jeden Abend, bevor du zu Bett gehst, mußt du dein Gewissen erforschen (denn du weißt nicht, ob du am nächsten Morgen noch lebst!). Was immer dir Sorgen bereitet, oder was immer du für Unrecht getan haben magst, du mußt es in Ordnung bringen. Wenn du zum Beispiel etwas gestohlen hast, versuche, es zurückzugeben. Wenn du jemanden verletzt hast, dann versuche, das wiedergutzumachen. Wenn du es nicht so einfach gutmachen kannst, dann söhne dich wenigstens mit Gott wieder aus, indem du sagst: »Es tut mir sehr leid.« Das ist wichtig, denn so wie es Taten der Liebe gibt, muß es auch Taten der Reue geben. Du könntest sagen: »Herr, es tut mir leid, daß ich dich gekränkt habe, und ich will versuchen, dich nicht wieder zu kränken«, oder etwas Ähnliches. Es ist ein schönes Gefühl, unbelastet zu sein, ein reines Herz zu haben. Denke daran, daß Gott gnädig ist, er ist uns allen der gnädige Vater. Wir sind seine Kinder, und er wird vergeben und vergessen, wenn wir daran denken, das zu tun.

Erforsche jedoch zuerst dein Herz, damit du siehst, ob es darin noch an Vergebung für andere fehlt, denn wie können wir Gott um Vergebung bitten, wenn wir anderen nicht vergeben können? Denke daran, wenn du wahrhaft bereust, wenn du es mit reinem Herzen wirklich so meinst, wirst du in Gottes Augen von deiner Schuld losgesprochen. Er wird dir vergeben, wenn du wahrhaftig beichtest. Bete also darum, daß du denen vergeben kannst, die dich verletzt haben oder die du nicht magst, und vergib so, wie dir vergeben wurde.

Du kannst auch für die Arbeit anderer beten und ihnen helfen. In unserer Gemeinschaft gibt es zum Beispiel »Zweites-Ich«-Helferinnen, die ihre Gebete für eine Schwester sprechen, die Kraft braucht, um mit ihrer aktiven Arbeit fortfahren zu können. Und zu uns gehören auch die kontemplativen Schwestern und Brüder, die ständig für uns beten.

Es gibt so viele Geschichten über die Kraft des Gebetes und wie Gott uns immer antwortet. Ein Priester, Pater Bert White, besuchte uns in Kalkutta, weil er sich für unsere Arbeit interessierte. Er kam genau zum richtigen Zeitpunkt:

> »Ich war unterwegs, um mir die Arbeit von Mutter Teresa und den Missionarinnen der Nächstenliebe anzusehen, und beschloß, im Mutterhaus die Messe zu besuchen. Am Eingang wurde ich von einer Schwester begrüßt. ›Gott sei Dank, daß Sie hier sind, Pater, kommen Sie herein‹, sagte sie. ›Woher wissen Sie denn, daß ich Priester bin?‹ fragte ich, denn ich trug mein geistliches Gewand nicht. Sie antwortete: ›Der Priester, der sonst die Messe liest, konnte nicht kommen, deswegen haben wir zu Gott gebetet, daß er uns einen anderen schikken möge.‹«

Mache deine Familie zu einer Familie der Liebe

Für Kinder und in Familien ist Beten dringend nötig. Liebe beginnt zu Hause, und daher ist es wichtig, daß man zusammen betet. Wenn ihr zusammen betet, werdet ihr zusammenbleiben und euch so lieben, wie Gott jeden von euch liebt. Welcher Religion wir auch angehören, wir müssen zusammen beten. Kinder müssen lernen zu beten, und Eltern müssen lernen, mit ihnen zusammen zu beten. Wenn wir das nicht tun, wird es schwer sein, heilig zu werden, weiterzumachen, uns im Glauben zu stärken.

Schwester Theresina, die Regionaloberin für die Britischen Inseln und Irland, berichtet uns von ihren Erfahrungen in dieser Hinsicht:

> »Das Kind soll seine erste religiöse Bildung durch die Familie erhalten, und in der Familie soll es genährt werden und wachsen. Das ist heute gar nicht oft der Fall. Die Mehrzahl der Eltern, denen wir begegnen, haben ihren Glauben und daher jede Art von Vertrauen auf Gott verloren. Ihnen sind alle Gaben genommen, die Gott ihnen schenken kann, um ihre Kinder richtig aufzuziehen, ihnen fehlen die Weisheit und die Urteilsfähigkeit, um ihre Kinder zu leiten, wenn das nötig ist. Viele Eltern sagen zu mir: ›Tut mir leid, ich kann meine Kinder einfach nicht lenken, sie sind außer Kontrolle geraten.‹«

Heutzutage gibt es auf der ganzen Welt so viel Leid

in den Familien, daß es wichtig ist, zu beten, und wichtig ist es auch, zu vergeben. Ich werde gefragt, welchen Rat ich Eheleuten geben kann, die in ihrer Beziehung Schwierigkeiten haben – ich antworte immer: »Betet und vergebt« und jungen Menschen, die aus gewalttätigen Elternhäusern kommen, rate ich: »Betet und vergebt«; und der alleinstehenden Mutter, die von ihrer Familie nicht unterstützt wird, rate ich: »Bete und vergib.« Ihr könnt sprechen: »Mein Gott, ich liebe Dich. Mein Gott, es tut mir leid. Mein Gott, ich glaube an Dich. Mein Gott, ich vertraue Dir. Hilf uns, einander so zu lieben, wie Du uns liebst.«

Wir beten für unsere Familie zur Heiligen Familie (Maria, Joseph und Jesus). Wir sprechen:

Himmlischer Vater, Du hast uns
in der Heiligen Familie von Nazareth
ein Vorbild für das Leben gegeben.
Hilf uns, liebender Vater, unsere Familie
zu einem Nazareth zu machen,
in dem Liebe, Friede und Freude herrschen.
Möge sie wahrhaft kontemplativ und
tief eucharistisch sein
und vor Freude sprühen.
Hilf uns, durch das Gebet
in der Familie in Freude und Leid
zusammenzubleiben.
Lehre uns, in den Familienmitgliedern
Jesus zu sehen, vor allem
in Seinen erschütternden Verkleidungen.
Möge das eucharistische Herz Jesu
unsere Herzen so sanftmütig

und demütig machen,
wie Sein eigenes Herz es ist,
Und hilf uns, unsere familiären Pflichten
auf heilige Weise zu erfüllen.
Mögen wir einander so lieben,
wie Gott jeden von uns liebt,
Tag für Tag mehr,
und uns gegenseitig unsere Fehler vergeben,
wie Du unsere Sünden vergibst.
Hilf uns, liebender Vater, anzunehmen,
was immer Du gibst,
und mit strahlendem Lächeln zu geben,
was auch immer Du nimmst.
Unbeflecktes Herz Marias,
Quelle unserer Freude,
bitte für uns.
Heiliger Joseph, bitte für uns.
Heilige Schutzengel, seid immer bei uns,
führt und beschützt uns.
Amen.

Gott ist ein Freund der Stille

Wir alle brauchen Zeit für Stille, zum Nachdenken und zum Beten. Viele Leute erzählen mir, wie schwer es für sie ist, in ihrem geschäftigen Leben Stille zu finden. Erst Schwester Theresina und anschließend Schwester Kateri geben dazu ihren Kommentar und ihren Rat:

»Nach meiner Erfahrung herrscht im heutigen

Leben einfach zuviel Lärm – und deswegen haben viele Menschen Angst vor der Stille. Weil Gott nur in der Stille spricht, ist das für die, die auf der Suche nach Gott sind, ein großes Problem. Viele junge Leute zum Beispiel können nicht nachdenken und handeln impulsiv.
In den Städten gibt es heutzutage so viel Chaos und körperliche Gewalt und viel Wut, Frustration und Geschrei, sie sind genau das Gegenteil von einer friedlichen Landschaft oder vom Brausen eines Wasserfalls. Viele versuchen, die Leere, die sie empfinden, mit Essen, Radio, Fernsehen und ständigen äußerlichen Aktivitäten zu füllen. Doch diese Leere kann nur durch das Religiöse, durch Gott, gefüllt werden. Wenn wir uns Zeit geben, damit Gott diesen Raum betreten kann, dann kann unser Hunger leichter gestillt werden, indem wir einfach im Gebet bei Gott sind. Von diesem Ort aus können wir in unserer Beziehung zu Gott und in unserem religiösen Leben stärker werden. Aber es ist schwer, in unserer Gesellschaft, die uns mit so vielen Ablenkungen füttert, andächtig zu sein.«

»Als Missionarin der Nächstenliebe habe ich nicht viele Gelegenheiten, allein zu sein. Wenn man sich für ein Leben in Armut entscheidet, bringt das normalerweise einen Mangel an Privatsphäre mit sich – wir haben kein eigenes Zimmer, in dem wir allein beten und uns besinnen könnten. Einmal hatte ich jedoch die Gelegenheit, einen Tag lang allein zu sein, und das erste, was ich gern tun wollte, war lesen – ich liebe

Bücher, doch normalerweise habe ich so viel zu tun, daß ich vergesse, soviel zu lesen, wie ich gern möchte. Das Buch, das mir in die Hände fiel, war ein Geschenk Gottes, denn es war genau das Buch, das ich lesen mußte, eine Sammlung von Schriften der heiligen Katharina von Siena. Sie hatte sich damals, im vierzehnten Jahrhundert, in dem gleichen Dilemma befunden – sie wuchs in einem Haushalt mit fünfundzwanzig Kindern auf und versuchte, zu beten und still zu sein. Sie schrieb, daß wir alle eine ›Zelle‹ in uns selbst finden müssen, in die wir gehen können, um zu beten und mit Gott zusammen zu sein. Sie erläuterte, daß die meisten von uns nicht in die Berge gehen und als Einsiedler in einer Höhle leben können und daß wir daher diesen besonderen Ort in uns selbst entdecken müssen. Ich glaube, wir können und müssen ihrem Rat folgen. Neben allen anderen Pflichten im Leben müssen wir auch noch lernen, zu beten und selbst in einem geräuschvollen Haus oder einer lauten Stadt eine Atmosphäre der Stille zu finden.

Als ich meine wöchentlichen Besuche im Gefängnis hier machte, war ich Zeugin, wie die Menschen dort nach diesem stillen Ort hungerten und dürsteten. Normalerweise beteten wir eine Weile zusammen, und es war so schön zu sehen, wie diese rauhen Männer – von denen viele andere umgebracht und ein schweres, hartes Leben geführt hatten – wie Kinder die Köpfe neigten und aufrichtig beteten. Ich wußte, daß sie, wenn sie einmal in eine Atmosphäre der Stille hineinkommen würden, einfach in einen friedlichen Zustand versinken würden.«

Und Schwester Dolores gibt folgenden Rat:

»Wenn jeder Mensch auf der Welt sich täglich fünf oder zehn Minuten Zeit nehmen würde, um innezuhalten und nachzudenken, würde das uns allen helfen, Gottes Arbeit zu tun, denn wir brauchen Besinnung, wir müssen Gott täglich um seinen Segen bitten, und wir müssen ihn in unser Leben bringen, damit wir ihn an andere weitergeben können. Wenn wir Gott in unserem Leben haben, wird das Leben mit Sinn erfüllt und lebenswert, alles wird lohnend und auch ertragreich. Unvollkommenheit in unserer Welt geht normalerweise mit der Abwesenheit Gottes einher.«

Vor Gott gleich

Es gibt nur einen Gott, und er ist der Gott aller, daher ist es wichtig, daß man alle Menschen als vor Gott gleich ansieht. Ich habe immer gesagt, wir sollten einem Hindu helfen, ein besserer Hindu zu werden, einem Muslim, ein besserer Muslim zu werden, und einem Katholiken, ein besserer Katholik zu werden. Bruder Vinod, der unser Zentrum für Leprakranke in Titagarh, Kalkutta (Gandhiji Prem Nivas), leitet, versteht, ebenso wie Schwester Theresina in London, daß wir nicht versuchen, eine Religion zu predigen, sondern einfach durch unsere Handlungen und unsere Hingabe unseren Glauben zu zeigen:

»Wir glauben, daß wir mit unserer Arbeit anderen ein Beispiel geben sollten. Wir sind 475 Seelen – dreißig Familien sind katholisch, und die übrigen sind Hindus, Muslime, Sikhs –, alle verschiedenen Religionen. Aber sie alle kommen zu unseren Andachten. Um sieben Uhr versammeln sich alle für eine halbe Stunde. Und wir lesen vor – aus der Bibel oder aus anderen Schriften –, man kann aus jedem Buch vorlesen. Manchmal hält ein Patient eine kleine Ansprache.«

»Ich habe noch nie erlebt, daß es Schwierigkeiten gab, wenn Menschen verschiedener Religionen zusammen beteten. Was ich aber gesehen habe, ist, daß die Menschen einfach nach Gott hungern, und ob sie nun Christen oder Muslime sind, wir laden sie ein, mit uns zu beten. In unseren Missionshäusern in Spanien und Frankreich ist der Prozentsatz der Muslime groß, und sie möchten beten, daher konzentrieren wir uns vor allem darauf, daß wir sie zum Beten ermuntern, dazu, eine Beziehung zu Gott zu haben, wie auch immer sie aussehen mag, denn wenn man die hat, dann wird alles andere folgen.«

Bete jeden Tag

Versuche, während des Tages häufig zu spüren, daß du ein Gebet brauchst, und mache dir die Mühe zu beten. Beten macht das Herz weit, bis es so groß ist, daß es Gottes Geschenk, nämlich ihn selbst, in sich aufnehmen kann. Bitte und suche, und dein Herz wird so groß werden, daß du ihn empfangen und ihn als dein eigen behalten kannst.

Die folgenden Gebete sind aus unserem Gebetbuch, und wir sprechen sie jeden Tag. Ich hoffe, daß sie vielleicht hilfreich sind, wenn du keine Gebete kennst oder wenn du gerne mehr kennen würdest. Du kannst »Jesus« durch »Gott« ersetzen, wenn du kein Christ bist.

Laßt uns alle zu wahrhaften und fruchtbaren
Reben am Weinstock Jesus werden,
indem wir Ihn in unserem Leben
in der Gestalt annehmen,
in der zu kommen Ihm gefällt:
als die Wahrheit – um sie zu sagen;
als das Leben – um es zu leben;
als das Licht – um es anzuzünden,
als die Liebe – um zu lieben;
als der Weg – um ihn zu gehen,
als die Freude – um sie zu schenken,
als der Friede – um ihn zu verbreiten,
als das Opfer – um es darzubringen,
in unseren Familien und mit unseren Nachbarn.

Oh, Gott, wir glauben, daß Du hier bist,
wir beten Dich an und lieben Dich
mit ganzem Herzen und mit ganzer Seele,
denn Du bist in höchstem Maße
all unserer Liebe wert.
Wir sehnen uns danach, Dich zu lieben,
wie die Gesegneten im Himmelreich Dich lieben,
wir verehren alle Pläne
Deiner göttlichen Vorsehung und
überlassen uns vollkommen Deinem Willen.
Wir lieben auch unseren Nächsten
um Deinetwillen wie uns selbst;
wir vergeben allen aufrichtig,
die uns verletzt haben,
und bitten alle um Vergebung,
die wir verletzt haben.

Lieber Jesus, hilf uns,
Deinen Duft zu verbreiten,
wohin wir auch gehen.
Überflute unsere Seelen mit
Deinem Geist und Leben.
Durchdringe unser ganzes Wesen
und nimm es so vollständig in Besitz,
daß unser Leben nichts anderes ist
als ein Abglanz des Deinen.
Leuchte durch uns, und sei so in uns,
daß jede Seele, der wir begegnen,
Deine Gegenwart
in unserer Seele spüren kann.
Laß sie aufschauen
und nicht mehr uns sehen,

sondern nur noch Jesus!
Bleibe bei uns, und dann
werden wir beginnen, so zu leuchten,
wie Du leuchtest,
so zu leuchten, daß wir anderen ein Licht sind;
das Licht, oh, Jesus, wird ganz von Dir kommen,
nichts davon wird von uns sein,
Du wirst es sein,
der durch uns auf andere scheint.
Daher wollen wir Dich so preisen,
wie es Dir am liebsten ist,
indem wir auf alle Menschen um uns herum scheinen.
Laß uns Dich predigen, ohne zu predigen,
nicht mit Worten,
sondern durch unser Beispiel,
durch die Ansteckungskraft,
den teilnehmenden Einfluß unserer Taten,
die offenbare Fülle der Liebe zu Dir,
die wir im Herzen tragen.
Amen.

Erlöse mich, o Jesus,
von dem Verlangen, geliebt zu werden,
von dem Verlangen, gerühmt zu werden,
von dem Verlangen, geehrt zu werden,
von dem Verlangen, gelobt zu werden,
von dem Verlangen, bevorzugt zu werden,
von dem Verlangen, zu Rate gezogen zu werden,
von dem Verlangen, anerkannt zu werden,
von dem Verlangen, beliebt zu sein,
von der Furcht, gedemütigt zu werden,
von der Furcht, verachtet zu werden,

von der Furcht, getadelt zu werden,
von der Furcht, verleumdet zu werden,
von der Furcht, vergessen zu werden,
von der Furcht, ungerecht behandelt zu werden,
von der Furcht, verspottet zu werden,
von der Furcht, verdächtigt zu werden.

Glaube

Die Frucht des Gebets
ist der Glaube

Gott ist überall und in allem, und ohne ihn können wir nicht existieren. Ich habe nie auch nur einen Augenblick lang an der Existenz Gottes gezweifelt, aber ich weiß, daß manche Menschen das tun. Wenn man nicht an Gott glaubt, kann man anderen helfen, indem man Werke der Liebe verrichtet, und die Frucht dieser Werke ist die zusätzliche Gnade, die in die eigene Seele fließt. Dann wird man beginnen, sich langsam zu öffnen und nach der Freude zu verlangen, Gott zu lieben.

Es gibt so viele Religionen, und jede einzelne hat ihre eigene Art, Gott nachzufolgen. Ich folge Christus nach:

Jesus ist mein Gott,
Jesus ist mein Gatte,
Jesus ist mein Leben,
Jesus ist meine einzige Liebe,
Jesus ist mein Alles in Allem,
Jesus ist mein Ein und Alles.

Weil das so ist, fürchte ich mich nie. Ich tue meine Arbeit mit Jesus zusammen, ich tue sie für Jesus, ich

tue sie an Jesus, und daher sind es seine Ergebnisse, nicht meine. Wenn du Führung suchst, brauchst du nur auf Jesus zu schauen. Du mußt dich ihm hingeben und dich ganz und gar auf ihn verlassen. Wenn du das tust, werden alle Zweifel vertrieben, und tiefer Glaube erfüllt dich. Jesus hat gesagt: »Wenn ihr nicht werdet wie die Kinder, könnt ihr nicht zu mir kommen.«
Schwester Theresina erklärt es so:

> »Wir arbeiten für das Reich Gottes, wir haben unser Leben dem Reich Gottes gewidmet, daher muß Gott derjenige sein, der uns führt und lenkt und für uns sorgt. Wir verlieren zum Beispiel die göttliche Vorsehung nie aus dem Blick, daher versuchen wir, von den Dingen, die wir benötigen, keine Vorräte anzulegen, sondern einfach mit dem auszukommen, was gerade hereinkommt. Ich glaube, auf diese Art werden wir weiterhin Gottes Segen empfangen, vor allem, wenn wir nicht maßlos werden und uns nicht darin verstricken, für die Zukunft zu leben statt in diesem Moment in der Gegenwart. Wir müssen flexibel sein – wenn es für Gott an der Zeit ist, geht es mühelos, und wenn nicht, sind die Dinge schwierig. Wir müssen wirklich auf die Einladung hören, die Gott uns schickt, in welcher Weise auch immer sie sich offenbaren mag.«

Hier beschreibt Schwester Kateri, wie es ist, wenn man sein Leben Gott anvertraut:

»Es liegt eine Art Freiheit darin, wirklich auf Gottes Vorsehung zu vertrauen. Wir bemühen uns, in der Gegenwart zu leben und uns nicht um den nächsten Tag zu sorgen, obwohl es sicherlich zu einem verantwortungsbewußten Leben gehört, daß man Pläne macht. Doch wo andere ein Jahr im voraus planen, würden wir das nie tun. Und manchmal, wenn andere niemals auf die Idee kommen würden, etwas zu unternehmen, weil es eben nicht im voraus geplant war, überlegen wir erst gar nicht. Unsere Methode wäre, es wenigstens zu versuchen – und sehr oft klappt es.«

Laß Jesus Gebrauch von dir machen, ohne daß er dich vorher zu Rate zieht. Wir lassen ihn nehmen, was er von uns will, also nimm, was immer er gibt, und gib mit strahlendem Lächeln, was immer er nimmt. Nimm die Geschenke Gottes an und sei tief dankbar. Wenn er dir großen Reichtum geschenkt hat, dann gebrauche ihn, versuche, ihn mit anderen zu teilen, mit denen, die nichts haben. Teile immer mit anderen, denn selbst mit ein wenig Hilfe bewahrst du sie vielleicht davor, daß sie in Not geraten. Und nimm dir nicht mehr, als du brauchst, das ist alles. Nimm einfach an, was immer kommt.

Die Schwestern in New York haben im Lauf der Jahre viel Hilfe von einem Zahnarzt namens Mark erhalten. Er erzählte uns einmal folgende Geschichte, die veranschaulicht, was ich über das Annehmen gesagt habe:

»Ich vertraue darauf, daß alles so, wie es ist, vollkommen ist: Die Probleme entstehen durch die Art, wie ich die Dinge betrachte. Ich erinnere mich, wie ich einmal mit einer der Schwestern sprach, meine Frau war gerade schwanger, und sie hatte Schwierigkeiten, und eine Fehlgeburt drohte. Mein unmittelbarer Gedanke war, darum zu beten, daß dem Baby nichts fehlen würde. Dann ging mir auf, daß das das falsche Gebet war. Ich hätte um die Kraft beten sollen, das anzunehmen, was Gott in seinem Plan für uns vorgesehen hat.«

Als Missionarinnen der Nächstenliebe sind wir hier, um den Ärmsten der Armen zu helfen, welche Form auch immer das annehmen mag, denn es geht dabei immer um Christus in seiner erschütternden Verkleidung. Wir nehmen nicht eine Rupie für unsere Arbeit, denn wir tun sie für Jesus. Er kümmert sich um uns. Wenn er möchte, daß etwas getan wird, gibt er uns die Mittel dazu. Wenn er uns die Mittel zu einer Arbeit nicht verschafft, dann will er auch nicht, daß sie getan wird.

Das gilt für uns alle, ob wir Missionarinnen oder Missionsbrüder der Nächstenliebe sind oder nicht, wie Pater Bert White bemerkt:

»Ich glaube, wenn man sich auf Geld und Besitz konzentriert, geht man den Weg der materiellen Welt, des Größer, Höher und Mehr. Es wird zum Programm, und dann geht der Glaube den Bach runter. Glaube und das Vertrauen auf die Wirklichkeit Gottes sind nötig – das Vertrauen darauf, daß es klappt.

Es gibt nicht zwei Welten – die physische und die geistige –, es gibt nur eine: Gottes Reich auf Erden wie es ist im Himmel. Viele von uns beten: ›Vater unser, der Du bist im Himmel‹, und glauben dabei, daß Gott da oben ist, wodurch die Dualität der beiden Welten geschaffen wird. Viele Menschen im Westen halten Materie und Geist gern schön praktisch und bequem auseinander. Alle Wahrheit ist eins, alle Wirklichkeit ist eins. Sobald wir die Fleischwerdung Gottes annehmen, die Inkarnation, die für Christen durch die Person Jesu Christi dargestellt wird, beginnen wir, die Dinge ernst zu nehmen.«

Gottes Prüfung für uns

Wir alle sind zu Gutem und zu Bösem fähig. Wir werden nicht schlecht geboren: Jeder hat etwas Gutes in sich. Manche verstecken es, manche beachten es nicht, aber es ist da. Gott hat uns geschaffen, damit wir lieben und geliebt werden, er prüft uns also, indem er uns einen der beiden Wege wählen läßt. Jede Nachlässigkeit im Lieben kann einen Menschen dahin führen, daß er »ja« zum Bösen sagt, und wenn das geschieht, wissen wir nicht, wie weit es sich ausbreiten kann. Das ist das Traurige. Wenn jemand das Böse wählt, dann wird eine Schranke zwischen diesem Menschen und Gott errichtet, und der so beladene Mensch kann Gott überhaupt nicht mehr klar erkennen. Daher müssen wir jede Art von Versuchung meiden, die uns zerstören könnte. Die Kraft, das zu überwinden, erlangen wir durch das Gebet, denn wenn wir Gott nah sind, verbreiten wir Freude und Liebe unter allen, die um uns herum sind.

Wenn das Böse von einem Menschen Besitz ergreift, kann er wiederum Böses unter allen, die mit ihm zusammen sind, verbreiten. Wenn wir zu solchen Menschen Kontakt haben, müssen wir versuchen, ihnen zu helfen und ihnen zu zeigen, daß sie Gott etwas bedeuten. Bete intensiv und hilf ihnen, das Gebet zurückzubringen, damit sie Gott wieder in sich selbst und dann auch in anderen sehen. Das ist es, was dem schlechten Menschen helfen wird, denn jeder – ganz gleich, wer – wurde von derselben liebenden Hand erschaffen. Die Liebe Christi ist immer stärker als das Böse in der Welt, daher müssen wir lieben und geliebt werden: So einfach ist das. Es sollte nicht allzu schwer sein, das zu erreichen.

Jedes Leben ist Gott kostbar

Ungeborene Kinder gehören zu den Ärmsten der Armen. Sie sind Gott so nah. Ich bitte die Ärzte in indischen Krankenhäusern immer, niemals ein ungeborenes Kind zu töten. Wenn niemand es haben will, nehme ich es.

Ich sehe Gott in den Augen eines jeden Kindes – jedes ungewollte Kind ist bei uns willkommen. Anschließend finden wir ein Zuhause für diese Kinder, indem wir sie adoptieren lassen.

Ständig sorgen die Leute sich darum, daß unschuldige Kinder im Krieg getötet werden, und sie versuchen, das zu verhüten. Aber wie kann man darauf hoffen, das zu verhindern, wenn Mütter ihre eigenen Kinder töten? Jedes Leben ist Gott kostbar, wie auch immer die Umstände sein mögen. In Jesaja, Kapitel 43, Vers 4, sagt Gott: »Du bist mir wert, und ich habe dich lieb.«

In unseren vielen Zentren auf der ganzen Welt lehren wir die Armen natürliche Geburtenplanung. Frauen erhalten Perlen, damit sie die Tage in ihrem Zyklus zählen können. Mann und Frau sollten sich lieben und achten, so daß sie während der fruchtbaren Tage Selbstbeherrschung üben können. Wie Schwester Dolores sagt, liegt es bei Gott, diese Dinge zu entscheiden:

> »Da wir glauben, daß jeder von uns vor Gott einzigartig und kostbar ist, ist er es auch, der in unserem Leben und bei unserer Arbeit neben uns sein wird. Er ist der Chef, und er sagt uns, was wir tun sollen. Es ist alles ganz einfach, aber manchmal vergessen wir ihn und meinen, wir hätten selbst die Leitung.«

Die Kirche ist unsere Familie

Gott ist von der Kirche nicht getrennt, denn er ist überall und in allen Dingen, und wir sind alle seine Kinder – ob Hindus, Muslime oder Christen. Wenn wir uns in seinem Namen versammeln, gibt uns das Kraft. Die Kirche schenkt uns unsere Priester, die Messe und die Sakramente, die wir im täglichen Leben brauchen, um unsere Arbeit zu tun. Wir brauchen die Eucharistie (Jesus in der Hostie und die Heilige Kommunion), denn wenn Jesus uns nicht gegeben wird, können wir ihm nichts geben.

Die Kirche ist unsere Familie, und wie jede Familie müssen wir zusammen leben können. Ständig laden Bischöfe uns ein, neue Häuser zu eröffnen, und oft helfen sie uns, die Häuser zu finden. Ich betrachte es nicht als Einschränkung, Katholikin zu sein und der katholischen Kirche anzugehören: Wir brauchen uns nur zu lieben und zu verstehen. Ich werde nach meinen Ansichten über die Rolle der Kirche heute gefragt, was die Zukunft bringt, nach der Stellung der Frau in der Kirche, und ich sage, ich habe keine Zeit, mir um diese ganzen Fragen Gedanken zu machen – in meiner alltäglichen Arbeit gibt es zuviel zu tun. Wir dienen Christus. In unserem Haus ist er das Familienoberhaupt, und er trifft alle Entscheidungen. Für Christus ist die Kirche die gleiche, gestern, heute und morgen. Für Gott ist alles einfach – Gottes Liebe zu uns ist größer als all die Konflikte, die vorübergehen werden.

Glaube ist ein Geschenk Gottes

Es ist Gottes Wunsch, daß wir im Glauben wachsen, wie Schwester Theresina erklärt:

»Unser Glaube soll wachsen und reifen. Es gibt Menschen, die vielleicht sehr gebildet sind – und doch entspricht ihr Glaube noch dem Stand der ersten Klasse, und sie finden keinen Sinn in der Welt. Sie haben wahrscheinlich niemals die Heilige Schrift gelesen, niemals Gott kennengelernt, niemals die herrliche Person, die er ist, wirklich kennengelernt – und daher betrachten sie Gott ein wenig mißtrauisch. Für sie ist er wie ein Richter und ein sehr strenger Vater, der ihnen kein bißchen Vergnügen gönnt.«

Hier führt Schwester Kateri ihre Gedanken zum Wesen des Glaubens aus:

»Als Katholiken verstehen wir ›Glauben‹ als übernatürliche Tugend, die der Seele eingeflößt wird. Es ist, als wäre diese Tugend eine Kraft, eine Fähigkeit. Wenn wir zum Beispiel keine Beine hätten, könnten wir nicht gehen. Wenn wir keine Augen hätten, könnten wir nicht sehen. Ohne Glauben können wir nicht an Dinge glauben, die Geheimnisse sind und die unser Verständnis übersteigen. Man kann die Geheimnisse des Glaubens nicht *verstehen* – aber sie sollten einen Sinn ergeben, und im Lauf unseres Erwachsenwerdens müssen wir in die Geheimnisse unseres Glaubens eindringen, um sie besser zu verstehen, so daß sie immer glaubwürdiger werden.
Glaube ist ein Geschenk Gottes und wächst durch Beten, genauso wie Hoffnung und Liebe – und das sind die drei Haupttugenden des inneren Lebens.«

Wenn man ein christliches Leben führt, sorgt man dafür, daß der Glaube wächst. Es gibt viele Heilige, die uns vorangegangen sind, um uns zu leiten, aber ich mag die einfachen unter ihnen besonders gern, wie die heilige Theresa von Lisieux, die kleine Blume Jesu. Ich habe sie zur Namenspatronin gewählt, weil sie gewöhnliche Dinge mit außergewöhnlicher Liebe getan hat.

Es ist zwar gut, die Werke der Heiligen und anderer heiliger Menschen zu studieren und zu lesen (eines meiner Lieblingsbücher ist *Entschlüsse aus der Stille* von Charles de Foucauld), doch wir stellen fest, daß Gott uns alles, was wir lernen müssen durch unsere Handlungen und unsere Arbeit lehrt, wie Schwester Dolores erläutert:

»Wir versuchen, uns Zeit für religiöse Schriften zu nehmen: Ich lese die Werke der Heiligen sehr gern, und sie waren hilfreich, und auch alles über unsere gebenedeite Mutter, Unsere Liebe Frau – sie ist die beste aller Mütter. Aber wir haben nicht viel Zeit, um uns hinzusetzen. Wir feiern verschiedene Feste, wie die Namenstage des heiligen Franziskus und der heiligen Theresa und den 10. September, an dem Gott im Zug nach Darjeeling zu Mutter sprach und ihr sagte, sie solle den Ärmsten der Armen dienen. Aber eigentlich brauche ich nicht viele Bücher zu lesen, denn ich werde immerzu von anderen unterrichtet. Die Aids-Patienten, mit denen ich in New York und Washington gearbeitet habe, sind die Heiligen unserer Tage, die neuen Heiligen der Kirche. Jeder einzelne von ihnen war eine Persönlichkeit, und als sie in ihren letzten Tagen in Jesus wuchsen, waren die Stunden und Augenblicke mit ihnen so schön, daß ihre Geschichten für mich Heiligengeschichten sind.«

Gleichzeitig ist es wichtig, als Teil des spirituellen Wachstums Selbsterkenntnis zu erwerben – sich selbst zu kennen und an sich zu glauben bedeutet, daß man Gott kennen und an ihn glauben kann. Der heilige Augustinus hat gesagt: »Füllt euch zuerst selbst, und erst dann werdet ihr anderen geben können.« Sich selbst zu kennen erzeugt Bescheidenheit, und Gott zu kennen erzeugt Liebe – wie Schwester Kateri es beschreibt:

»Während man im Gebet wächst, wächst man auch in der Selbsterkenntnis, und wenn nicht in der Sündhaftigkeit, dann doch sicherlich in möglicher Sündhaftigkeit. Es führt zu einem tiefen Verständnis dessen, was der heilige Philippus Neri gesagt hat: ›Da gehe ich, aber nur durch die Gnade Gottes.‹ Und im Lauf der Zeit wird es viel leichter, die Schwächen anderer zu akzeptieren, im tiefen Innern hat man nämlich auch selbst zumindest das Potential für Sündhaftigkeit, denn wir alle sind Menschen, wir alle haben die gleichen menschlichen Schwächen.«

Ich bin auf dem Weg in den Himmel

(Aus einer Tafel an der Wand der Leichenkammer im Sterbehaus für die Notleidenden, Kalkutta)

Alles wird von Gott entschieden. Er entscheidet,

wann wir leben und wann wir sterben. Wir müssen an ihn glauben und die Arbeit tun, zu der er uns berufen hat, bis zu dem Moment, wenn wir sterben, wie Schwester Dolores erklärt:

> »Jeder Tag ist eine Vorbereitung auf den Tod. Diese Erkenntnis ist hilfreich, denn was die Sterbenden heute durchmachen, werde ich morgen durchmachen. Wir müssen lernen, in Einheit mit Gott zu leben. Sterben ist nichts anderes, als zu ihm zurückzukehren, dorthin, wo er ist und wo wir alle hingehören.«

Jeder kann in den Himmel kommen. Der Himmel ist unsere Heimat. Die Leute fragen mich nach dem Tod und ob ich mich darauf freue, und ich antworte: »Selbstverständlich«, denn dann gehe ich nach Hause. Sterben ist nicht das Ende, es ist erst der Anfang. Der Tod ist eine Fortsetzung des Lebens. Das heißt ewiges Leben: Unsere Seele geht zu Gott, um in der Gegenwart Gottes zu sein, um Gott zu sehen, um mit Gott zu sprechen, um ihn weiter zu lieben, mit größerer Liebe – im Himmel werden wir ihn nämlich mit ganzem Herzen und ganzer Seele lieben können, denn im Tod geben wir nur unseren Körper auf –, unser Herz und unsere Seele leben ewig.

Die Bäume der Selbstbekämpfung und der Selbstverwirklichung

Der Baum der Selbstbekämpfung

In den Zweigen:	Leere, Entfremdung, Teilnahmslosigkeit, Zwischenmenschliche Konflikte, Verbrechen, Abhängigkeit, Alkoholismus, Drogensucht.
In den Wurzeln:	Angst, Unsicherheit, Groll, Eifersucht, Mißtrauen, Feindseligkeit, Schuldgefühle, Selbstmitleid.

Der Baum der Selbstverwirklichung

In den Zweigen:	Zielstrebigkeit, Gesundheit, Freude, Eigenmotivation, Zufriedenheit, Annehmen, Erfüllung, Kreativität.
In den Wurzeln:	Nächstenliebe, Freundschaft, Vergebung, Liebe, Dankbarkeit, Mitgefühl, Warmherzigkeit, Vertrauen.

Wenn wir gestorben sind, werden wir mit Gott zusammensein und mit allen, die wir im Leben kannten und die vor uns gegangen sind: Unsere Familie und unsere Freunde werden dort auf uns warten. Der Himmel muß ein herrlicher Ort sein.

In jeder Religion gibt es eine Ewigkeit, ein Leben im Jenseits. Die Menschen, die sich vor dem Tod fürchten, glauben, er wäre das Ende. Ich habe nie erlebt, daß jemand, der die Liebe Gottes erfahren hatte, in Furcht gestorben ist. Die Sterbenden müssen ihren Frieden mit Gott machen, so wie wir alle. Es geschieht dauernd, daß Menschen ganz plötzlich sterben, jeden Augenblick könnte es also auch uns treffen. Gestern ist vorbei, und morgen ist noch nicht da, wir müssen also jeden Tag so leben, als wäre er unser letzter, damit wir bereit sind, wenn Gott uns ruft, damit wir darauf vorbereitet sind, reinen Herzens zu sterben.

Liebe

Die Frucht des Glaubens
ist die Liebe

Die schlimmsten Krankheiten im Westen sind heute nicht, an Tuberkulose oder Lepra zu leiden, sondern unerwünscht zu sein, nicht geliebt zu werden und niemanden zu haben, der sich um einen kümmert. Körperliche Krankheiten können wir mit Medikamenten heilen, doch das einzige Heilmittel für Einsamkeit, Verzweiflung und Hoffnungslosigkeit ist Liebe. Es gibt viele Menschen auf der Welt, die verzweifelt nach einem Stück Brot verlangen, aber es gibt noch viel mehr, die sich verzweifelt nach ein bißchen Liebe sehnen. Die Armut im Westen ist eine anders geartete Armut – die Menschen leiden nicht nur unter dem Mangel an Liebe, sondern auch unter dem Mangel an Religiosität. Es gibt einen Hunger nach Liebe, und genauso gibt es den Hunger nach Gott.

Es ist unmöglich, dieses Bedürfnis zu befriedigen, wenn die Gnade Gottes einem nicht dabei hilft. Schwester Dolores und anschließend Schwester Kateri führen das weiter aus:

»Wir brauchen zuerst die Liebe Gottes, und dann erst können wir anderen etwas geben. Um anderen Liebe geben zu wollen, müssen wir selbst voller Liebe sein, die wir verschenken können. So handelt Gott. Er ist es, der uns alle dazu bewegt, das zu tun, was wir tun, und wenn wir seine Liebe zu uns spüren, dann strahlen wir diese Liebe aus. Seine Liebe ist grenzenlos.«

»Es gibt nur eine Liebe, und das ist die Liebe Gottes. Wenn wir Gott erst innig genug lieben, werden wir unseren Nächsten in gleichem Maße lieben, denn so, wie wir in der Liebe zu Gott wachsen, wachsen wir auch in der Achtung vor allem, was er geschaffen hat, und in der Erkenntnis und Würdigung aller Gaben, die er uns geschenkt hat. Dann wollen wir sie natürlicherweise alle pflegen.

Gott hat die Welt den Menschen zur Freude geschaffen – könnten wir doch nur überall seine Güte wahrnehmen, sein Besorgtsein um uns, sein Wissen um unsere Bedürfnisse – den Anruf, auf den wir gewartet haben, die Mitfahrgelegenheit, die uns angeboten wird, den Brief in der Post, einfach die kleinen Dinge, die er während des Tages für uns tut. Hoffentlich denken wir daran, ihm zu danken, und während wir uns an seine Liebe zu uns erinnern und sie wahrnehmen, beginnen wir einfach, uns in ihn zu verlieben, denn er beschäftigt sich so viel mit uns – du kannst ihm einfach nicht widerstehen. Ich glaube, etwas wie Glück haben im Leben gibt es nicht, es ist Gottes Liebe, es ist sein Werk.«

Wenn du weißt, wie sehr Gott dich liebt, dann kannst du nur leben, indem du diese Liebe ausstrahlst. Ich sage immer, daß Liebe zu Hause beginnt: zuerst die Familie und dann dein Dorf oder deine Stadt. Es ist leicht, Menschen zu lieben, wenn sie weit entfernt sind, aber es ist nicht immer so leicht, die zu lieben, die mit uns zusammenleben oder unsere Nachbarn sind. Ich bin nicht dafür, Dinge im großen Rahmen zu tun – Liebe muß bei einem einzelnen Menschen beginnen. Um einen Menschen zu lieben, muß man mit diesem Menschen Kontakt aufnehmen, muß ihm nah kommen. Jeder braucht Liebe. Alle Menschen müssen wissen, daß sie erwünscht sind und daß sie für Gott wichtig sind.

Jesus hat gesagt: »Liebet einander, wie ich euch geliebt habe.« Er hat auch gesagt: »Ich bin hungrig gewesen, und ihr habt mich gespeist. Ich bin nackt gewesen, und ihr habt mich bekleidet.«

Ich erinnere die Schwestern und Brüder immer daran, daß unser Tag aus 24 Stunden mit Jesus besteht. Schwester Theresina führt das weiter aus, und anschließend äußert Pater Bert White seine Ansicht dazu.

»Wir sind kontemplative Menschen in der Welt, und daher kreist unser Leben um Gebet und Tat. Unsere Arbeit ist eine Folge unserer Kontemplation, unserer Einheit mit Gott in allen unseren Handlungen, und durch unsere Arbeit (die wir als unser Apostolat bezeichnen) nähren wir unsere Einheit mit Gott, so daß Gebet und Tat und Tat und Gebet ständig ineinanderfließen.«

»Gandhi sagt: ›Handle, aber trachte nicht nach der Frucht deiner Handlungen.‹ Deine Handlungen strömen aus deinem Wesen heraus, das ist die Frucht. Es ist ein bißchen so wie Verliebtsein – wenn die Liebe einfach zu dem Menschen, den man liebt, hinströmt.«

Das folgende Gebet wird von allen Missionarinnen und Missionsbrüdern der Nächstenliebe gesprochen, bevor sie zum Apostolat aufbrechen. In Shishu Bhavan, dem Kinderheim in Kalkutta, wird es auch von den Ärzten gebetet:

Lieber Gott, Du großer Heiler,
ich knie vor Dir,
denn jede vollkommene Gabe
muß von Dir kommen.
Ich bitte dich, schenke
meinen Händen Geschicklichkeit,
meinem Verstand Scharfblick
und meinem Herzen
Mitgefühl und Sanftmut.
Verleihe mir Zielstrebigkeit,
die Kraft, einen Teil der Last
meiner leidenden Mitmenschen
auf mich zu nehmen,
und die wahre Erkenntnis
der Ehre, die mir zuteil wird.
Nimm alle Falschheit und
alles weltliche Verlangen
aus meinem Herzen,
damit ich mit dem schlichten
Glauben eines Kindes
auf Dich vertrauen kann.

Die Wärme unserer Hände

Liebe ist nicht herablassend, und bei Nächstenliebe geht es nicht um Mitleid, sondern um Liebe. Nächstenliebe und Liebe sind das gleiche – mit Nächstenliebe schenkt man Liebe, also gib nicht bloß Geld, sondern reiche statt dessen dem anderen die Hand. Als ich in London war, besuchte ich da, wo unsere Schwestern eine Suppenküche eingerichtet haben, die Obdachlosen. Ein Mann, der in einem Pappkarton lebte, hielt meine Hand und sagte: »Es ist lange her, daß ich die Wärme einer menschlichen Hand gespürt habe.«

Mary, eine unserer freiwilligen Helferinnen, hat weitere Vorschläge, wie man anderen die Hände reichen kann:

> »Ich habe festgestellt, daß praktische Hilfe andere in Wirklichkeit erniedrigen kann, wenn sie nicht mit Liebe geleistet wird. Niemand will, daß man etwas für ihn tut. Außerdem habe ich gemerkt, daß der Versuch, Kontakt zu anderen herzustellen, ein stufenweiser Prozeß war, und daß vorgegebene Strukturen mir dabei hilfreich waren, also zum Beispiel hinzugehen und den Schwestern in der Suppenküche zu helfen. Dann ist es am besten, wenn man sich bemüht, sich nicht zu sehr mit Essensausgabe und Abräumen zu beschäftigen, sondern möglichst mit jemandem zu sprechen, während man dort ist, oder sich neben jemanden zu setzen – wenn man also versucht, persönlichen Kontakt herzustellen. Viele Leute haben Fotos bei

sich, man kann sie also fragen, ob man ihre Fotos sehen darf – oder einen Witz über ihre Frisur machen –, irgendwas! Wichtig ist, daß man überhaupt einen Kontakt herstellt, selbst wenn man bloß sagt ›Hat's geschmeckt?‹ Statt im Hintergrund zu stehen und abzuwaschen, kann man es so einrichten, daß man die Teller abräumt. Ich glaube, wenn einem solche Sachen schwerfallen, ist es besser, es Schritt für Schritt zu tun – wenn du jemanden allein irgendwo stehen oder gehen oder sitzen siehst, dann ergreife die Gelegenheit und versuche, ihn oder sie zu erreichen.«

Hier ist eine weitere Geschichte, ebenfalls von Mary, die einen anderen Weg aufzeigt, wie man mit Menschen in Not Kontakt aufnehmen kann:

»Eine Gruppe von uns ist vor einer Weile nach Albanien gereist und hat die Schwestern dort besucht. Wir hörten von einem Heim für behinderte Kinder und fuhren also dorthin, um sie zu besuchen – aber es war einfach eine Katastrophe. Das Heim hatte anscheinend große Mengen an Hilfsgütern bekommen, aber jedesmal, wenn etwas angeliefert wurdc, kamen die Leute aus der Gegend und plünderten, weil sie auch Sachen brauchten. Außerdem fiel mir auf, daß viel Zeug eingeflogen wurde und es viele Lagerhäuser gab, die mit Hilfsgütern vollgestopft waren – aber sie erreichten die Menschen nicht. Also kamen wir mit einer Kiste Äpfel wieder und bestanden darauf, jedem Kind persönlich einen zu geben, denn wir wußten, wenn wir die Kiste einfach dalassen würden, würden die anderen Leute im Heim die Äpfel wahrscheinlich auch für ihre Kinder brauchen, und die Kinder im Waisenhaus würden sie vielleicht nicht bekommen.«

Liebe hat keine Bedeutung, wenn sie nicht mit anderen geteilt wird. Liebe muß in die Tat umgesetzt werden. Man muß ohne Erwartung lieben, etwas aus reiner Liebe tun, nicht, weil man vielleicht etwas dafür bekommt. Wenn man eine Gegenleistung erwartet, dann ist es keine Liebe, denn wahre Liebe heißt, ohne Bedingungen und Erwartungen zu lieben.

Wenn die Notwendigkeit besteht, wird Gott dich leiten, so wie er uns dahin geführt hat, Menschen mit Aids zu dienen. Wir urteilen nicht über diese Menschen, wir fragen nicht, was ihnen zugestoßen ist und wie sie krank geworden sind, wir sehen einfach ihre Not und kümmern uns um sie. Ich glaube, daß Gott uns mit Aids etwas sagt, daß er uns eine Gelegenheit gibt, unsere Liebe zu zeigen. Menschen mit Aids haben zärtliche Liebe in denjenigen erweckt, die sich vielleicht vor der Liebe verschlossen und sie vergessen hatten.

Schwester Dolores zeigt, daß es oft genügt, einfach liebevoll anwesend zu sein:

»Die Patienten, die mit Aids zu uns kommen, haben zu Anfang oft viel Angst. Es fällt ihnen schwer, mit der Tatsache fertig zu werden, daß sie sterben werden. Aber wenn sie dann bei uns sind und uns mit anderen Patienten in deren letzten Augenblikken sehen, ändert sich das. Ich erinnere mich, daß im Haus in New York die Mutter eines Mannes aus Puerto Rico sich erbot, ihn zu pflegen, wenn er nach Hause kommen würde. Er dankte ihr, meinte aber, daß er bei uns bleiben wolle, sie jedoch besuchen würde. Eines Tages sagte er zu mir: ›Ich weiß, wenn ich sterbe, werden Sie da sein und meine Hand halten.‹ Er hatte nämlich gesehen, wie wir anderen die Hand gehalten hatten, und er wußte, daß er nicht allein sterben würde.

Eigentlich ist es ganz einfach. Die Sterbenden sind bewegt von der Liebe, die sie empfangen, und das kann eine bloße Berührung meiner Hand sein oder ein Glas Wasser oder daß ich ihnen eine bestimmte Süßigkeit besorge, die sie sich wünschen. Man bringt ihnen einfach, worum sie gebeten haben, und sie sind zufrieden und wissen, daß jemand sich um sie kümmert, daß jemand sie liebt, daß jemand sie bei sich haben will – und das an sich ist ihnen eine große Hilfe. Deswegen glauben sie, daß Gott sogar noch freundlicher sein muß, noch großzügiger, und so werden ihre Seelen zu Gott erhoben. Weil wir nicht predigen, weil wir einfach das, was wir tun, mit Liebe tun, werden sie von Gottes Gnade berührt.«

Bruder Geoff, der Superior der Missionsbrüder der Nächstenliebe, äußert sich ebenfalls dazu, wie man Liebe am besten zeigen kann:

»Wenn Menschen, die daran gewöhnt sind, abgewiesen und verlassen zu werden, erleben, daß sie von anderen angenommen und geliebt werden, wenn sie sehen, daß andere ihnen ihre Zeit und ihre Energie widmen, empfangen sie dadurch die Botschaft, daß sie letztendlich doch nicht wertlos sind. Sicherlich drückt sich Liebe zuerst darin aus, daß man *mit* jemandem zusammen ist, nicht daß man etwas *für* jemanden tut. Wir müssen uns das ständig wieder neu ins Bewußtsein rufen, denn wir können uns in dieses Tun für andere verstricken lassen. Wenn unsere Handlungen nämlich nicht dem Wunsch entspringen, mit einem Menschen zusammenzusein, dann werden sie eigentlich zu bloßer Sozialarbeit. Wenn man bereit ist, mit einem armen Menschen zusammenzusein, kann man seine Bedürfnisse erkennen, und wenn die Liebe zu ihm echt ist, möchte man natürlicherweise für ihn tun, was man kann, als Ausdruck dieser Liebe. Dienen ist in gewisser Weise einfach ein Mittel, um auszudrücken, daß man *für* einen Menschen da ist – und häufig kann man den Ärmsten ihre Probleme nicht vollständig abnehmen, aber indem man mit ihnen zusammen ist, indem man *für* sie da ist, ändert man etwas an ihrer Lage, was immer auch man nun für sie tun kann. Die Botschaft, die wir den Ärmsten der Armen zu vermitteln versuchen, lautet: Wir können eure Probleme nicht lösen, aber Gott liebt euch, auch wenn ihr behindert seid, Alkoholiker seid oder Lepra habt, und ob ihr geheilt werdet oder nicht, Gott liebt euch genauso sehr, und wir sind hier, um diese Liebe zum Ausdruck zu bringen. Und wenn wir helfen können, ihre

Schmerzen ein wenig zu lindern, ist das gut und schön, aber uns ist es wichtiger, sie daran zu erinnern, daß Gott sie auch in tiefstem Schmerz und Leid liebt. Es ist schwer, diese Botschaft zu vermitteln, selbstverständlich, aber wir glauben, daß es in erster Linie darauf ankommt, für sie da zu sein. Wenn man mit einem Menschen Zeit verbringt, ist das ebenso ein Ausdruck der Liebe, als wenn man etwas für ihn tut.«

Hier beschreibt Nigel, einer unserer freiwilligen Helfer, seine Erfahrungen in unserem Sterbehaus für die Notleidenden in Kalkutta:

»Als ich nach Nirmal Hriday ging, um dort zu helfen, fand ich das Haus entsetzlich, weil es dort so viel Leid gab, und ich fühlte mich absolut überflüssig. Ich dachte: ›Was soll ich hier bloß?‹ Später, als ich nach Großbritannien zurückkam, unterhielt ich mich lange mit einer der Schwestern darüber. Ich erzählte ihr, daß ich schnell Zeichensprache gelernt hätte, um unterscheiden zu können, ob jemand um ein Glas Wasser bat oder um eine Bettpfanne, und um dann das Richtige bringen zu können. Aber abgesehen davon hatte ich nicht viel getan. Ich hatte meistens bei den Kranken auf dem Bett gesessen und sie gestreichelt oder gefüttert. Manchmal bekam man etwas Anerkennung, aber oft so gut wie gar keine, weil die Kranken in den letzten Zügen lagen. Als die Schwester mich also fragte, wie es mir ergangen war, sagte ich: ›Ich war da.‹ Da sagte sie zu mir: ›Was haben denn der heilige Johannes oder unsere heilige Mutter Maria unter dem Kreuz anderes getan?‹«

Sehen wir die Armen mit Mitgefühl an? Sie hungern nicht nur nach Nahrung, sie hungern danach, als Menschen anerkannt zu werden. Sie hungern nach Würde und danach, so behandelt zu werden wie wir. Sie hungern nach unserer Liebe.

Jede Liebestat ist ein Gebet

Wichtig ist nicht, wieviel man tut, sondern wieviel Liebe man in seine Tätigkeit und in das Teilen mit anderen legt. Versuche, Menschen nicht zu beurteilen. Wenn du über andere urteilst, schenkst du keine Liebe. Versuche statt dessen, ihnen zu helfen, indem du ihre Bedürfnisse erkennst und etwas tust, um sie zu befriedigen. Ich werde oft gefragt, wie ich zum Beispiel über Homosexuelle denke, und ich antworte immer, daß ich nicht über Menschen urteile. Nicht, was ein anderer vielleicht getan oder unterlassen hat, sondern was du selbst getan hast, zählt in Gottes Augen.

Die folgenden Zeilen stehen auf einer Tafel an unserer Kapelle im Mutterhaus. Pater Edward Le Joly schrieb sie, nachdem wir uns 1977 unterhalten hatten, und sie erklären genau, worum es bei unserer Arbeit geht:

»Wir sind nicht hier für die Arbeit, wir sind hier für Jesus. Alles, was wir tun, ist für ihn. Wir sind vor allem gläubig, wir sind keine Sozialarbeiterinnen, keine Lehrerinnen, keine Krankenschwestern oder Ärztinnen, wir sind Ordensschwestern. Wir dienen Jesus in Gestalt der Armen. Wir pflegen ihn, geben ihm zu essen, kleiden ihn, besuchen ihn, trösten ihn in Gestalt der Armen, der Verlassenen, der Kranken, der Waisen, der Sterbenden. Aber alles, was wir tun, unsere Gebete, unsere Arbeit, unser Leiden, ist für Jesus. Unser Leben hat keinen anderen Grund, kein anderes Ziel. Das ist ein Punkt, den viele Menschen nicht verstehen.«*

Hier folgen einige Bemerkungen und Beispiele von Schwester Dolores, Bruder Geoff und einer Helferin (Linda) zu dieser Art der tätigen Liebe:

»Im Westen gibt es so viel Einsamkeit. Die meisten einsamen Menschen brauchen einfach nur jemanden, der bei ihnen sitzt, bei ihnen ist; sie an lächelt, denn viele haben keine Familie mehr und leben allein, sind isoliert. Also brachten wir diese Menschen bei mehreren Anlässen im Lauf des Jahres, in dem ich in verschiedenen Heimen in New York arbeitete, zu geselligen Treffen zusammen, damit sie andere Menschen kennenlernen konnten, und sie freuten sich sehr darauf. Wir organisierten dann einen besonderen Tag für sie – wir servierten ihnen ein gutes Mittagessen und Kuchen –, und al-

---

* Vgl. Edward Le Joly, *Wir leben für Jesus. Mutter Teresas geistlicher Weg* (Freiburg im Breisgau: Herder, 2. Aufl. 1981)

lein daß sie aus ihren Wohnungen herauskamen und mit anderen zusammen waren, brachte Glück in ihr Leben.
In unseren Suppenküchen versorgen wir Menschen, die kein Zuhause haben. Sie kommen zu einer Mahlzeit, und manche von ihnen essen gar nicht. Sie möchten einfach dabeisein, in einer Atmosphäre des Friedens und der Ruhe, und normalerweise gehen sie wieder, nachdem wir zusammen gebetet haben oder so. Die meisten wollen nicht nur Suppe, sie suchen Kontakt, wollen geschätzt und geliebt werden, sich erwünscht fühlen und etwas Frieden im Herzen finden. Der persönliche Bezug ist wichtig.«
»Im Westen neigen wir dazu, profitorientiert zu denken, so daß alles an den erzielten Ergebnissen gemessen wird und wir uns in immer mehr Aktivitäten verstricken, um Resultate zu bekommen. Im Osten – besonders in Indien – stelle ich fest, daß die Menschen eher damit zufrieden sind, einfach zu *sein,* einfach nur einen halben Tag unter einem Banyan-Baum herumzusitzen und miteinander zu schwatzen. Wir Menschen aus dem Westen würden das wahrscheinlich als Zeitverschwendung bezeichnen. Aber es hat seinen Wert. Mit jemandem zusammenzusein, zuzuhören, ohne auf die Uhr zu sehen und ohne ein Ergebnis zu erwarten, lehrt uns etwas über Liebe. Der Erfolg der Liebe liegt im Lieben selbst – er liegt nicht im Resultat des Liebens. Natürlich will man, wenn man liebt, das Beste für den anderen, aber ob es so kommt oder nicht, ist für den Wert dessen, was wir getan

haben, nicht entscheidend. Je mehr wir uns davon lösen können, daß Ergebnisse Vorrang haben, desto mehr können wir über das kontemplative Element der Liebe lernen. Liebe kann sich im Dienen äußern, und sie kann in der Kontemplation zum Ausdruck kommen. Das Gleichgewicht zwischen beiden ist es, was wir anstreben sollten. Liebe ist der Schlüssel, um dieses Gleichgewicht zu finden.«

»Den Kindern in Shishu Bhavan in Kalkutta zu helfen war etwas ganz Besonderes für mich. Sie haben mich sehr bewegt. Eines Morgens saßen wir oben im Kreis – das taten wir oft, saßen im Kreis und sangen –, und ich hielt einen kleinen behinderten Jungen im Arm, der mich einfach nur ansah, mit vollkommener Freude und Liebe in den Augen. Er besaß eine ganz große Gelassenheit. Ich habe diese Situation als tief religiöses Erlebnis in Erinnerung.«

Lieben, bis es schmerzt

Wir müssen in der Liebe wachsen, und dazu müssen wir immer weiter lieben und lieben und geben und geben, bis es schmerzt – so wie Jesus es getan hat. Führe gewöhnliche Handlungen mit außergewöhnlicher Liebe aus: kleine Verrichtungen, wie Kranke und Obdachlose, einsame und unerwünschte Menschen zu betreuen und für sie zu waschen und zu putzen.

Das, was du gibst, muß dich etwas kosten. Das bedeutet, daß man nicht einfach etwas gibt, auf das man leicht verzichten kann, sondern etwas, ohne das man nicht leben kann oder nicht leben will etwas,

Mutter Teresa am 10.12.1979 in Oslo bei der Verleihung des Friedensnobelpreises an sie.

»Wir haben uns hier versammelt, um Gott für dieses Geschenk des Friedens zu danken...« Mutter Teresas Rede in Oslo 1979.

Mutter Teresa 1982 in Beirut mit einem evakuierten Kind.

Mutter Teresa wird 1983 von Königin Elizabeth II. anläßlich eines Besuchs in Indien mit dem Verdienstorden »Honorary Order of Merit« geehrt.

Im Juli 1986 trifft die Friedensnobelpreisträgerin in Oggersheim mit Bundeskanzler Helmut Kohl und seiner Gattin Hannelore zusammen.

Gespräch mit dem damaligen U.S.-Präsidenten George Bush im Weißen Haus 1991.

Mutter Teresa verabschiedet Prinzessin Diana, die die Ordensschwester im Februar 1992 in Rom besuchte.

Papst Johannes Paul II. empfängt Mutter Teresa 1992 zu einer Privataudienz im Vatikan.

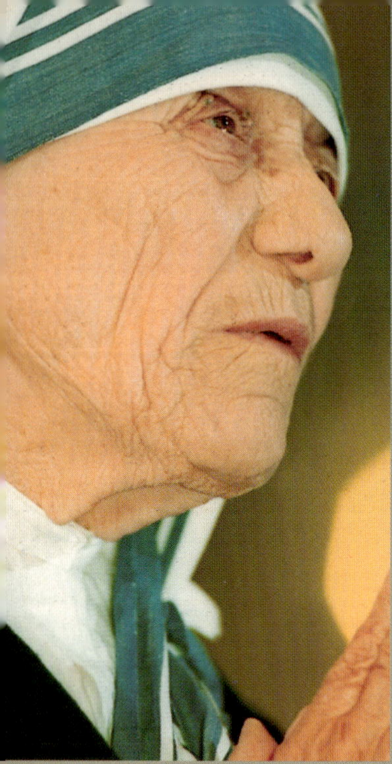

Mutter Teresa, 83jährig, betet im Schrein bei Knock, während ihres Besuchs in Irland.

1993 besucht Mutter Teresa in Singapur ein Kinderheim und segnet eines der Kinder. Danach fliegt sie weiter nach China, um ein Heim für behinderte Kinder zu eröffnen.

Anläßlich eines Indienbesuchs unterhalten sich Arbeitsminister Norbert Blüm und seine Frau Marita mit Mutter Teresa über Projekte zur Bekämpfung von Kinderarbeit in Indien.

Mutter Teresa wird von zwei Ordensschwestern auf ihrem Weg zur Basilika in Koekelberg begleitet – während des Papstbesuches 1995 in Belgien.

Porträtfoto von Mutter Teresa, aufgenommen in London 1993.

das einem wirklich am Herzen liegt. Dann wird die Gabe ein Opfer, das vor Gott Wert hat. Jedes Opfer ist nützlich, wenn es aus Liebe dargebracht wird.

Dieses Geben, bis es schmerzt – dieses Opfer –, ist auch das, was ich als tätige Liebe bezeichne. Jeden Tag sehe ich diese Liebe – bei Kindern, Männern und Frauen. Einmal ging ich die Straße entlang, und ein Bettler kam auf mich zu und sagte: »Mutter Teresa, alle geben Ihnen etwas, ich möchte Ihnen auch etwas geben. Heute habe ich für den ganzen Tag nur 29 Paise (100 Paise = 1 Rupie), und die will ich Ihnen geben.« Ich dachte einen Augenblick: Wenn ich das Geld nehme (29 Paise sind nichts wert), hat er heute abend nichts zu essen, und wenn ich es nicht nehme, wird ihn das kränken. Also streckte ich die Hände aus, und ich nahm das Geld. Ich habe niemals so viel Freude in einem Gesicht gesehen wie in dem Gesicht dieses Bettlers – daß auch er als Bettler Mutter Teresa etwas geben konnte. Es war ein großes Opfer für diesen armen Mann, den ganzen Tag in der Sonne zu sitzen und nur 29 Paise zu erhalten. Es war schön: 29 Paise sind eine so geringe Summe, und ich kann nichts dafür bekommen, aber als er sie wegschenkte und ich sie annahm, wurden sie wie Tausende, weil sie mit soviel Liebe gegeben wurden.

Neulich bekam ich einen Brief von einem kleinen Kind in Amerika. Ich wußte, daß es noch klein war, denn es schrieb mit großen Buchstaben: »Mutter Teresa, ich habe dich so lieb, ich schicke dir mein Taschengeld«, und im Briefumschlag lag ein Scheck über drei Dollar. Und eine der Schwestern in London erzählte mir, daß eines Tages ein kleines Mädchen mit einer Tüte voller Pennys an die Tür des Hauses in Kilburn kam und sagte: »Das ist für die armen Männer.« Sie sagte nicht: »Das ist für Mutter Teresa« oder »für die Missionarinnen der Nächstenliebe«. Sie wohnte an derselben Straße und hatte die Heimbewohner dort entlanggehen sehen – und daher sagte sie: »Das ist für die Männer.« Sie hatte einfach mit eigenen Augen gesehen, und ich glaube, so geht es ganz vielen Menschen. Sie sehen etwas und fühlen sich davon angezogen, weil es gut ist.

Hier hat kürzlich ein junges Paar geheiratet. Sie beschlossen, ihre Hochzeit einfach zu halten – sie trug einen schlichten Baumwollsari, und nur seine und ihre Eltern waren zugegen –, und sie schenkten uns all das Geld, das sie gespart hatten, weil sie keine große hinduistische Hochzeitsfeier abgehalten hatten. Sie teilten ihre Liebe mit den Armen. Derartiges geschieht jeden Tag. Indem wir selbst arm werden, indem wir lieben, bis es schmerzt, werden wir fähig, inniger, schöner, ganzheitlicher zu lieben.

Eine unserer Helferinnen, Sarah, schildert, wie sie diese Art der Liebe erfuhr, als sie in einem unserer Häuser in San Francisco arbeitete:

»Ich verstehe unter ›lieben, bis es schmerzt‹, daß man liebt, selbst wenn man die Situation nicht versteht, die Leute nicht, gar nichts. Es ist allerdings leichter gesagt als getan, aber es gibt Phasen, in denen es mir gelingt. Diese Nahezukommen hat allerdings zur Folge, daß es ganz schlimm für mich war, als einer unserer Heimbewohner (Chris) starb. Ich wollte nicht wieder hingehen –

und ich war auch zwei oder drei Wochen nicht da. Ich bin morgens aufgestanden und habe mich fertiggemacht, und dann bin ich nicht losgegangen. Die Schwestern haben das so gut verstanden. Damit haben sie mir geholfen, denn sie urteilen oder kritisieren überhaupt nicht. Sie sagten: ›Das ist in Ordnung – komm wieder, wann immer du möchtest.‹ Als ich um Chris trauerte und weinte, nachdem er gestorben war, sagten sie zu mir: ›Dieses Haus ist dazu da, daß Männer darin sterben. Es wäre egoistisch von uns, wenn wir weinen würden, denn dann würden wir an uns denken und nicht daran, wo sie jetzt sind – bei Gott. Wir sollten uns für sie freuen.‹ Das ist ihre Einstellung.
Ich bin nicht einmal eine Vollzeit-Helferin, und die Menschen, die die Arbeit dort im Haus tagtäglich machen, müssen wohl viel mehr über dieses ›Lieben, bis es schmerzt‹ wissen. Wenn man in dieser Umgebung ist und ununterbrochen gibt, wird man in der Kunst des Liebens feinfühliger und zu einem religiösen Werkzeug für Gott. Diese Vollzeit-Helferinnen sind etwas Besonderes – denn Gott füllt sie täglich auf. Es ist so viel einfacher, draußen in der Welt Liebe vorzutäuschen, denn niemand verlangt wirklich, daß man gibt, bis es weh tut, bis man krank ist.«

Fröhlich Leiden

Der Geist einer Missionarin der Nächstenliebe ist völlige Hingabe an Gott, liebendes Vertrauen in andere und Fröhlichkeit allen gegenüber. Wir müssen Leid freudig annehmen, wir müssen in fröhlichem Vertrauen ein Leben der Armut führen und Jesus in den Ärmsten der Armen mit Fröhlichkeit dienen. Gott liebt Menschen, die fröhlich geben. Wer mit einem Lächeln gibt, gibt am besten. Wenn man immer bereit ist, »ja« zu Gott zu sagen, wird man natürlicherweise für alle ein Lächeln haben und, mit Gottes Gnade, fähig sein, zu geben, bis es schmerzt.

Zwei unserer Helfer (erst Sarah und anschließend Dave) entdeckten den Wert dieses Vorgehens in unseren Häusern in San Francisco und London:

> »Was ich an den Schwestern wirklich gern mag, ist, daß sie ihren Sinn für Humor behalten, wenn es schwierig wird. Und wenn Fehler gemacht werden, werden sie korrigiert, und dann machen wir weiter. Und dabei haben einige Schwestern mir erzählt, daß ihr Leben manchmal sehr schwer ist und daß sie Kummer haben und um ihre eigenen Familien weinen. Denn sie haben Brüder, Schwestern oder Eltern, die Probleme haben oder krank sind, und sie können nichts tun, um ihnen in dieser Welt zu helfen, außer beten. Sie haben also Gefühle, sie weinen auch. Sie sind Menschen – sie lieben Gott, und sie lieben die Menschen.«
>
> »Bei der Arbeit mit den Schwestern habe ich festgestellt, daß sie genau so sind, wie sie auftreten. Ich habe

viel alltäglichen Kontakt mit ihnen, wenn wir unsere ganz gewöhnlichen Arbeiten machen, wie in der Küche arbeiten und die Fußböden schrubben, Mahlzeiten servieren und zum Supermarkt fahren und dann Leute zum Arzt oder in die psychiatrische Abteilung im Krankenhaus bringen und dabei manchmal mit sehr unangenehmen Menschen zu tun haben. Und die Schwestern sind immer so fröhlich. Das ist nicht diese Fröhlichkeit mit zusammengebissenen Zähnen, das ist echte Fröhlichkeit.
Ich bin überzeugt, daß diese Fröhlichkeit nach außen hin der Ausdruck einer inneren Freude ist, die sie empfinden. Ich weiß, daß jeder, der mit ihnen zusammenarbeitet, sich der Zeit bewußt ist, die sie in der Kapelle auf den Knien verbringen, und sie sind sehr glücklich über diese Zeit. Am glücklichsten sind sie, wenn sie beten – sie freuen sich darauf, sie sind begierig darauf, zu beten und wieder aufzutanken, und genauso begierig sind sie darauf, nach diesem Auftanken die Energie, die sie bekommen haben, wieder abzugeben. Das ist kein Fanatismus, es ist ein echtes, freudiges Verlangen, mit anderen zu teilen, was sie haben. Genauso, wie sie von den materiellen Dingen, die sie bekommen, nichts behalten: Alles, was die Leute ihnen schenken, Kleidung oder Nahrungsmittel oder Geld oder was immer es sonst ist – Papiertüten, Gummibänder, alles mögliche –, sie verschenken es. Alles, was hereinkommt, geht wieder hinaus.
Ich denke daran, wieviel Gott ihnen schenkt und wie sehr er sie wohl lieben muß. Ich liebe sie, und sie ziehen mich an, weil sie Gott so sehr gefallen

müssen. Ihr entgegenkommendes Wesen und ihre Energie erhalten sie von ihm – es ist gegenseitige Liebe, die sie uns dann zeigen. Ich sehe das in jeder einzelnen der Schwestern, und trotzdem sind sie keine bloßen Kopien voneinander, sondern sie sind Individuen, jede besitzt ihre eigene Persönlichkeit.«

Das Losungswort der frühen Christen war Freude, daher wollen wir dem Herrn weiterhin freudig dienen. Schwester Kateri erklärt, was für ein Gefühl das ist:

»Ich arbeitete gerade im Zentrum für zerebrale Kinderlähmung in New York, und ich betete jeden Tag. Eines Tages fragte mich jemand, worüber ich so glücklich sei, und deutete damit an, daß ich mich vielleicht in jemanden verliebt hätte. Aber das war es eigentlich nicht – ich spürte einfach die Liebe Gottes. Ich war so glücklich und so erfüllt, weil meine Beziehung mit Gott wuchs. Das erfüllte mich mit Freude.«

Freude ist Liebe, Freude ist Gebet, Freude ist Stärke. Gott liebt Menschen, die freudig geben, und wenn du freudig gibst, gibst du immer mehr. Ein freudiges Herz entsteht aus einem Herzen, das vor Liebe brennt.

Werke der Liebe sind immer Werke der Freude. Wir brauchen nicht nach dem Glück zu suchen: Wenn wir Liebe für andere haben, wird es uns geschenkt. Es ist das Geschenk Gottes.

Dienen

Die Frucht der Liebe
ist das Dienen

An der Wand des Waisenhauses in Kalkutta hängt eine Tafel mit folgenden Zeilen:

Nimm dir Zeit zu denken
Nimm dir Zeit zu beten
Nimm dir Zeit zu lachen

Das ist die Quelle der Kraft
Das ist die größte Macht auf Erden
Das ist die Musik der Seele

Nimm dir Zeit zu spielen
Nimm dir Zeit, zu lieben und geliebt zu werden
Nimm dir Zeit zu geben

Das ist das Geheimnis ewiger Jugend
Das ist das von Gott verliehene Privileg
Der Tag ist zu kurz, um egoistisch zu sein

Nimm dir Zeit zu lesen
Nimm dir Zeit, freundlich zu sein
Nimm dir Zeit zu arbeiten

Das ist die Quelle der Weisheit
Das ist die Straße zum Glück
Das ist der Preis des Erfolgs

Nimm dir Zeit für Werke der Nächstenliebe
Sie sind der Schlüssel zum Himmel

Tätiges Gebet ist Liebe, und tätige Liebe ist Dienst am Nächsten. Versuche, bedingungslos zu geben, was immer ein Mensch gerade braucht. Es geht darum, *etwas* zu tun (wie wenig es auch sein mag) und dem anderen durch diese Handlungen, indem du ihm deine Zeit widmest, zu zeigen, daß er dir etwas bedeutet. Manchmal heißt das, daß man körperlich etwas tut (so wie wir es in unseren Kranken- und Sterbehäusern tun), und manchmal kann es auch bedeuten, daß man den Eingeschlossenen (denen, die in ihren Häusern und Wohnungen isoliert und einsam sind) geistliche Unterstützung anbietet. Wenn ein kranker Mensch Medizin haben möchte, gib ihm Medizin, wenn er Trost braucht, dann tröste ihn.

Wir sind alle Gottes Kinder, daher ist es wichtig, daß wir seine Gaben miteinander teilen. Mache dir keine Gedanken darüber, warum es auf der Welt Probleme gibt – reagiere einfach auf die Bedürfnisse der Menschen. Manche sagen mir, wenn wir Almosen verteilen, verringert das die Verantwortung der Regierung den Bedürftigen und den Armen gegenüber. Ich mache mir deswegen keine Sorgen, denn Regierungen schenken normalerweise keine Liebe. Ich tue einfach, was ich tun kann: Alles andere geht mich nichts an.

Gott ist so gut zu uns gewesen: Werke der Liebe sind immer ein Mittel, Gott näherzukommen. Sieh dir an, was Jesus in seinem Leben auf Erden getan hat! Er hat es damit verbracht, Gutes zu tun. Ich weise die Schwestern darauf hin, daß Jesus die drei Jahre seines Lebens damit zugebracht hat, Kranke und Aussätzige, Kinder und Erwachsene zu heilen, und genau das tun wir auch, wir predigen das Evangelium durch unsere Taten. Das Dienen ist uns eine Ehre, und wir bemühen uns, aus ganzem Herzen wirklichen Dienst zu leisten.

Wir sehen das, was wir tun, lediglich als einen Tropfen im Ozean an, aber ohne diesen Tropfen wäre der Ozean weniger. Zum Beispiel haben wir unsere Schulen aufgemacht, um arme Kinder die Liebe zum Lernen und die Reinlichkeit zu lehren. Wenn wir das nicht getan hätten, wären diese Kinder auf der Straße geblieben.

Wenn eine andere Organisation einen Menschen besser betreuen kann, dann raten wir dazu, den Umständen entsprechend, aber weil wir den Ärmsten der Armen dienen, schicken wir niemals jemanden fort, der wirkliche Bedürftigkeit zeigt. Bruder Geoff erklärt das so:

»Nur ganz selten gelingt es uns, jemanden zu finden, der sich um unsere verlassenen Menschen kümmert, vor allem in Ländern wie Indien, in denen die Not ungeheuer groß ist. Die Häuser der Missionarinnen der Nächstenliebe sind oft die letzte Station für Patienten, die schon fast überall abgewiesen wurden.«

Um die Früchte der tätigen Liebe (des Dienens) ausführlicher darzustellen, halte ich es für hilfreich, zuerst einen Eindruck von der Arbeit der Missionarinnen der Nächstenliebe zu vermitteln und dann einige Erfahrungen unserer ehrenamtlichen Helfer weiterzugeben. Daraus läßt sich ersehen, welche Auswirkungen es haben kann, wenn man etwas tut, wie wenig es auch sein mag – nicht nur auf die Notleidenden, sondern auch auf die Menschen, die sie betreuen.

Die Arbeit der Missionarinnen der Nächstenliebe ist inzwischen sehr vielfältig und kann in folgende Bereiche unterteilt werden:

Apostolische Arbeit: Sonntagsschulen, Bibelgruppen, katholische Aktionsgruppen und deren Besuche in Krankenhäusern, Pflegeheimen und Gefängnissen.
Medizinische Betreuung: Apotheken, Leprakliniken, Rehabilitationszentren für Leprakranke, außerdem Heime für verlassene Kinder, physisch und geistig behinderte Kinder, kranke und sterbende Notleidende, Aids-Patienten, TB-Patienten und unsere Zentren für Unterernährte und die mobilen Kliniken.
Bildungsarbeit: Grundschulen in den Slums, Nähkurse, kaufmännische Kurse, kunsthandwerkliche Kurse, Vorschulprogramme und Weiterbildung nach der Schule in den Dörfern.
Soziale Dienste: Fürsorge- und Bildungsprogramme für Kinder, Tageskrippen, Heime für Obdachlose, Alkoholiker und Drogenabhängige, Heime für ledige Mütter, Nachtasyle und Zentren für natürliche Geburtenplanung.

Hilfsdienste: Nahrungsmittel und Kleider, Trockenrationen, warmes Essen und Notdienst für Familien.

Ghandhiji Prem Nivas
Titagarh, Kalkuta

Heutzutage können Leprakranke ein menschenwürdiges Leben führen, denn sie wissen, daß es Hilfe gibt und sie geheilt werden können. Wenn man Lepra hat, braucht man nicht mehr unterzutauchen und sich zu verstecken, und das bedeutet, daß die ganze Familie jetzt ohne Angst vor Ansteckung zusammenleben kann. Das Kind einer leprakranken Mutter bekommt jetzt selbst nicht mehr Lepra.

Vor mehr als vierzig Jahren beschlossen wir, unter einem Baum in Titagarh, mehrere Kilometer außerhalb von Kalkutta, eine mobile Klinik aufzumachen. Wir hatten zweimal in der Woche Sprechstunde, und an den anderen Tagen kümmerten wir uns um diejenigen, die unter Unterernährung litten, und besuchten die Kranken zu Hause. Dann, an den Samstagen, putzten wir für sie.

Heute haben wir ein wunderbares Zentrum namens Gandhiji Prem Nivas, das beinahe ein Dorf für sich ist. Die Gebäude ziehen sich an der Eisenbahnlinie entlang und sind alle in hellen, fröhlichen Farben gestrichen: Rot und Blau und Grün. Es gibt dort Werkstätten, Wohnheime, Kliniken, Krankenstationen, eine Schule, eine Ambulanz und außerdem Hütten für einzelne Familien – sowie Teiche, die die ganze Gemeinschaft mit Wasser versorgen. Im Innenhof steht eine Statue von Gandhi.

Prem Nivas wurde von den Leprakranken selbst erbaut, und es ist ein Ort, an dem sie sowohl leben als auch arbeiten können. Als wir 1974 das Land bekamen, um dort ein Zentrum aufzubauen, war es eine Müllkippe der Eisenbahn, aber wir begannen damit, einfache, strohgedeckte Hütten zu errichten, und langsam verwandelte es sich in einen sehr schönen Ort.

Bruder Vinod, der Prem Nivas leitet, informiert ausführlicher über die heutige Situation:

»Wir haben 1 400 Leprafälle pro Monat in ständiger Behandlung, und seit 1958 haben sich hier 38 000 Leprapatienten gemeldet. Viele von ihnen wurden aus der Behandlung entlassen, aber die, die wir jetzt betreuen, werden noch zwanzig bis dreißig Jahre leben, daher werden die Missionsbrüder der Nächstenliebe diese Arbeit zumindest für diesen Zeitraum fortsetzen. Da Lepra jetzt behandelt werden kann, werden wir in Zukunft sicherlich nicht mehr so viele Verstümmelungen sehen – die Regierung plant, die Lepra in Indien bis zum Jahr 2000 auszurotten.

Die frühzeitige Entdeckung ist der springende Punkt, und darum ist unsere Klinik so wichtig. Die Krankheit greift das Immunsystem des Körpers an und wird durch die Luft übertragen, man braucht also nicht lange mit einem Patienten Kontakt zu haben, um sie zu bekommen. Wenn das eigene Immunsystem jedoch stark ist, steckt man sich nicht an. Es gibt keine Impfung gegen die Krankheit, aber

wir haben einen Test, mit dem man die eigene Immunität bestimmen kann. Und wenn jemand trotzdem angesteckt wird, kann die Krankheit im Frühstadium mit Medikamenten geheilt werden.
Lepra ist immer noch hauptsächlich in den ärmeren Gesellschaftsschichten anzutreffen. Die Armen besitzen zuwenig Bildung, so daß sie erst wissen, woran sie leiden, wenn die Entstellungen auftreten. Dann ist es natürlich zu spät, um den Schaden zu beheben, wenn nämlich Hände und Füße schon gefühllos sind und Geschwüre sich gebildet haben, allerdings können wir auch in diesem Stadium den weiteren Verlauf aufhalten. Leprakranke mit sichtbaren Verstümmelungen verzweifeln allerdings und wollen nicht in einer Gesellschaft leben, die sie ablehnt. Daher bieten wir ihnen hier einen Ort zum Leben und eine Arbeit an, und innerhalb von kurzer Zeit erlangen die Patienten ihren Glauben, ihre Hoffnung und ihre Selbstachtung wieder.
Wir nehmen viele Bettler in das Zentrum auf, die bis dahin auf dem Bürgersteig oder im Bahnhof gelebt haben. Außerdem nehmen wir kleine Kinder mit Lepra. Ihre Eltern sagen immer, daß sie wiederkommen und das Kind holen werden, sobald es ihm besser geht, aber das tun sie nie. Daher ist Prem Nivas auch ein Heim für Jungen und Mädchen, und wenn sie erwachsen werden, heiraten sie normalerweise hier, bekommen eine Arbeit und ihr eigenes Haus und bleiben bei uns. Die gesamte Arbeit wird von den Patienten verrichtet – sie bilden sich gegenseitig im Verbinden, im Spritzen und in den anfallenden Arbeiten auf der Station aus. Sie betreuen ihre Brü-

der. Sie verstehen die Leiden und Probleme anderer Leprakranker soviel besser als wir. Natürlich sind die Missionsbrüder in der Pflege Leprakranker ausgebildet. Sie sind Sanitäter und behandeln die Patienten zusammen mit den Ärzten, die einmal in der Woche operieren und ihre Zeit unentgeltlich zur Verfügung stellen. Der direkte Kontakt von Patient zu Patient ist jedoch immer vorzuziehen.
Wir sind sehr autark – wir ziehen unser Gemüse selbst, und wenn wir zuviel haben, bieten wir es den anderen Häusern an. Wir gewinnen Fisch aus der Fischzucht und halten Ziegen und andere Tiere auf unserer kleinen Farm, dazu gibt es eine Werkstatt mit Handwebstühlen (in der die Saris für die Schwestern gewebt werden), Schuster und Schreiner und auch Bauhandwerker und Ingenieure. Für alle gibt es normale Arbeit.

Shishu Bhavan, Kalkutta

Shishu Bhavan, unser Kinderheim in Kalkutta, besteht aus einer Reihe von hohen Gebäuden hinter einer Mauer an einer belebten Hauptstraße. Am Eingang sind die Tageskliniken, in die die Armen ihre Kinder bringen können, und die Adoptionsbüros. In Räumen im Inneren der Gebäude befinden sich die Säuglinge und kleinen Babys, in vielen Reihen grüner Bettchen. Außerdem gibt es dort einen kleinen Hof, in dem die Kinder herumlaufen können, und einen Raum, in dem sie spielen können und ihre Mahlzeiten einnehmen.

Shishu Bhavan wird von Schwester Charmaine José geleitet. Sie und ihre Mitschwestern betreuen ständig etwa 300 kranke oder unterernährte Kinder, sowie mittellose ledige Mütter (denen sie Arbeit verschaffen).

Außerdem gibt es eine Ambulanz, in der drei Ärzte etwa tausend bis zweitausend Patienten pro Woche medizinisch versorgen. Dann gibt es das Adoptionssprechzimmer für jene, die Fragen zur Adoption der Kinder abklären möchten. Wenn Kinder zehn Jahre alt werden und nicht adoptiert wurden, schicken wir sie manchmal auf Internate und anschließend auf eine Hochschule oder auf einen Sekretärinnenkursus, und wir besorgen ihnen Arbeit. Wenn sie sich dann in ihrem eigenen Leben zurechtgefunden haben, helfen wir ihnen normalerweise bei der Eheschließung und geben ihnen eine Mitgift für die Haushaltsgründung. Sie freuen sich sehr darüber und besuchen uns regelmäßig und bringen ihre eigenen Kinder mit. Ich sage ihnen oft, sie hätten Glück, weil sie nicht nur eine Schwiegermutter haben, sondern zwanzig!

Im Erdgeschoß von Shishu Bhavan haben wir die Möglichkeit, täglich für über tausend Menschen zu kochen. Normalerweise sind das Bettler von der Straße, und dies ist der einzige Ort, wo sie sich darauf verlassen können, daß sie eine Mahlzeit am Tag erhalten, und das ist alles, was sie bekommen. Es gibt allerdings auch unvorhergesehene Katastrophen, wo wir anwesend sein und Hilfsdienste leisten müssen. Als zum Beispiel ein großes Gebiet in der Nähe von Kalkutta überflutet und weggeschwemmt wurde, verloren 1 200 Familien ihre gesamte Habe. Schwestern von Shishu Bhavan, und auch Brüder, arbeiteten die ganze Nacht, brachten ihnen Lebensmittel und boten Unterkünfte an.

So beschreibt Schwester Charmaine José es:

»Wir sind Menschen der Straße, und wir arbeiten in den Straßen. Wir beten, während wir durch die Stadt gehen, um Familien zu besuchen, bei einem sterbenden Kind zu sein oder Menschen in Not Medikamente zu bringen. Jede Schwester nimmt sich pro Tag eine Straße vor, um zu sehen, wie sie den Armen dort helfen kann. Wir gehen auch in die Dörfer, wo es kaum Einrichtungen gibt, und eröffnen dort medizinische Zentren. Manchmal betreuen wir in diesen Zentren 2 500 Patienten pro Woche.

Viele von unseren Schwestern sind ausgebildete Krankenschwestern, und manche sind Ärztinnen, daher arbeiten sie normalerweise in den Apotheken, doch die, die in Kinderpflege ausgebildet sind, arbeiten auf den Stationen. Wir haben auch eine Schule für Straßenkinder, die mißhandelt wurden oder als Prostituierte gearbeitet haben. Normalerweise erhalten sie weder Essen noch Hilfe, noch Medikamente. Also sammeln wir sie auf, unterrichten sie und geben ihnen Essen und Kleidung, und nach einer Weile suchen wir dann für jedes einzelne Kind jemanden, der es unterstützt, damit es auf eine richtige Schule gehen und seine Ausbildung abschließen kann. Die geistig und körperlich behinderten Kinder bleiben hier in unserer Obhut. Viele von ihnen leben nicht lange, aber die anderen bringen wir in unsere anderen Häuser, wenn sie ihr dreizehntes Lebensjahr erreichen.«

Nirmal Hriday, Kalkutta

Unser Sterbehaus in Kalkutta war früher eine Herberge für die Pilger, die zum Tempel der Göttin Kali gereist waren. Das Gebäude befindet sich tief im belebten Herzen des Stadtteils Kalighat und ist mit dem Tempel selbst verbunden. Wenn wir eintreten, geht es links zu den Männerstationen und rechts zu den Frauenstationen. Hohe, schmale Fenster lassen Licht in die Räume ein, in denen viele Reihen von Betten stehen, alle mit blauen Matratzenschonern aus Plastik bedeckt. In der Mitte befinden sich das medizinische Zentrum und die Bäder, und dahinter sind Küche und Leichenkammer. Unsere Schule für Straßenkinder ist auf dem Dach, wo auch die Schwestern wohnen.

Wir haben 50 Betten für Männer und 55 für Frauen, aber wir können diese Zahl je nach Bedarf erhöhen. Wenn die Männer und Frauen ins Sterbehaus kommen, sind sie normalerweise nicht in der Lage, für sich selbst zu sprechen; wenn sie also im Krankenwagen ankommen oder von den Schwestern oder Brüdern hereingebracht werden, tragen wir sie als »unbekannt« in die Liste ein. Dann, nach ein bißchen Pflege und liebevoller Zuwendung und Essen, gelingt es ihnen doch wieder, zu sprechen und ihren Namen zu nennen. Die Schwestern bemühen sich, herauszufinden, welcher Religion sie angehören – damit sie nach ihrem Tod die entsprechende Bestattung bekommen können: Die Katholiken kommen auf den Friedhof, die Muslime auf den muslimischen Begräbnisplatz und die Hindus auf den Verbrennungsplatz, der hier ganz in der Nähe ist. Die meisten, die zu uns kommen, sind Hindus; wenn wir also die Religion eines Sterbenden nicht in Erfahrung bringen, sorgen wir normalerweise für eine hinduistische Bestattung.

Schwester Dolores, die Nirmal Hriday leitet, berichtet:

> »Wir fragen nie danach, warum jemand auf der Straße lebt, wir brauchen ihre Lebensgeschichte nicht zu kennen. Wir verurteilen sie nicht für ihre Situation, wie auch immer die sein mag, denn alles, was sie wollen, ist etwas Liebe und Fürsorge, dann sind sie zufrieden. Wir kümmern uns einfach um den Menschen, der zu uns gebracht wird, und Gott tut das übrige durch uns.
>
> Wenn jemand hier ankommt, wird er oder sie normalerweise zuerst gebadet, aber manchmal ist ein Mensch so krank, daß wir ihn einfach nur ins Bett legen, ihm das Gesicht waschen und ihm einen Tropf anlegen. Manchmal müssen Patienten mit Gangränen oder schlimmen Wunden mit Maden oder mit chronischem Durchfall versorgt werden. Viele kommen mit TB, und manche bluten, also muß als erstes die Blutung zum Stillstand gebracht werden.
>
> Hin und wieder stirbt ein Patient, sobald er auf dem Bett liegt. Gelegentlich kommen die Patienten auch wieder ein wenig zu Kräften, können sich im Bett aufsetzen oder aufstehen oder herumge-

hen, und manche kehren wieder nach Hause zurück, auch wenn das Zuhause für viele einfach die Straße ist. Manche verlassen uns also und kommen wieder, wenn sie wieder krank werden. Wir sagen immer, daß wir ihnen ein Bett freihalten.«

Die britischen Inseln

Schwester Theresina, in den USA geboren, ist die Regionaloberin für die britischen Inseln und Irland. Im folgenden schildert sie unsere wachsenden Aufgaben in Großbritannien:

»Als die Schwestern mit der Arbeit hier anfingen, stellten wir fest, daß viele isolierte Rentner unsere Hilfe brauchten. Häufig trafen wir mitten im Winter alte Paare ohne Heizung an, also besorgten wir ihnen Heizgeräte, oder wir stellten fest, daß jemand aus irgendwelchen Gründen ohne Möbel lebte. Manche Menschen sind sehr einfältig, und sie wissen nicht, an wen sie sich wenden sollen – hinter Häusermauern gibt es viele einsame Menschen, die dringend einen Besuch brauchen.

Zu Anfang gingen wir nachts auf die Straße, um die Obdachlosen zu suchen. Jetzt unternehmen wir Ausflüge mit ihnen und organisieren besondere Ereignisse für sie – neulich haben wir zum Beispiel 320 Leute in sechs Bussen zu einem Ausflug nach Worth Abbey gebracht.

Heute unterhalten wir in Kilburn in London ein Obdachlosenheim für Männer und Frauen, und in

Liverpool, in Nordengland, haben wir ein Wohnheim für Männer, ein Wohnheim für Frauen und eine Suppenküche – und wir sind dort auch seelsorgerisch tätig, machen Besuche in Familien und halten Katechismusstunden für die Kinder ab.
Wir beten den Rosenkranz, wenn wir nach draußen gehen: Er ist unsere Waffe, das Wort Gottes, denn der Teufel versucht, Einfluß auf das Leben der Menschen zu nehmen, und wir müssen versuchen, das zu durchschauen und mit Jesus und Maria zu gehen, denn sie sind diejenigen, die das Werk vollbringen und die Herzen der Menschen berühren müssen – nicht wir. Der Rosenkranz bedeutet uns sehr viel. Ich weiß noch, wie wir ihn einmal in der U-Bahn in London beteten. Wir beteten leise, denn in England sprechen die Menschen in den öffentlichen Verkehrsmitteln nicht viel, und es war ziemlich still im Wagen. Dann gab es eine Störung, so daß wir alle aussteigen und auf dem Bahnsteig warten mußten, und der nächste Zug, der kam, war ziemlich überfüllt. Eine Dame stand neben uns und sagte: ›Schwester, ich möchte Ihnen sagen, daß ich eben den Rosenkranz mit Ihnen gebetet habe, wir haben gemeinsam gebetet‹, und wir hatten es nicht bemerkt. Die Frau sagte, sie käme manchmal zur Heiligen Stunde in unser Haus in der Bravington Road, sei aber eine Weile nicht gekommen. Mehr haben wir nicht gesprochen, aber es half uns, denn wir sehen die Früchte unserer Tätigkeit nicht immer.
Als Mutter im März 1994 das Männerwohnheim in Kilburn besuchte, sah sie zwei Räume und sagte:

›Die sind für die Aids-Patienten.‹ Das war das erste Mal, daß ich hörte, daß wir möglicherweise Aids-Patienten aufnehmen würden, aber Mutter sagte es einfach – es war eine Erleuchtung, glaube ich, denn ich weiß noch, wie sie aussah, während sie in dem Zimmer stand und das sagte. Also versuchte ich, es Wirklichkeit werden zu lassen, und das war nicht leicht. Dank der Hilfe eines Mannes, der trockener Alkoholiker und geheilter Drogensüchtiger ist und der selbst Aids hat, nehmen wir jetzt Menschen auf, die nicht für sich selbst sorgen können.«

Die Arbeit der Brüder

Bruder Geoff ist Australier und als Leiter der Missionsbrüder der Nächstenliebe der Nachfolger ihres Gründers und Superiors Bruder Andrew.

»In Los Angeles besteht unsere Hauptarbeit in der Unterhaltung eines Tagesheims für illegal eingewanderte Lateinamerikaner, von denen viele auf der Straße leben. An drei Tagen in der Woche kommen 75 bis 100 junge Leute zwischen vierzehn und achtzehn Jahren dorthin, um eine warme Mahlzeit zu sich zu nehmen, zu duschen, sich medizinisch versorgen zu lassen, sich die Haare schneiden zu lassen – und um auszuruhen. In der Männerabteilung betreuen wir acht Männer, die körperlich und geistig behindert sind. Diese Männer wurden ebenfalls in Los Angeles auf der Straße gefunden und haben Zuwendung und Geborgenheit bitter nötig.

In Japan, in Tokio, arbeiten wir mit Alkoholikern von der Straße. Das ist eine Vollzeitarbeit. Ab und zu gibt es Schlägereien, und manchmal kann es hart zugehen – wir versuchen, die Gewalt aus unseren Häusern herauszuhalten. Die japanischen Alkoholiker benehmen sich im Vergleich zu Alkoholikern aus anderen Ländern normalerweise recht gut; aber in Los Angeles haben Brüder mit Jungen aus Straßenbanden gearbeitet, um ihnen zu helfen, und in Hongkong hat einer von uns mit Drogenabhängigen gearbeitet. Wir sind auch in schwierigeren Gegenden tätig – in Städten wie Bogotá und Medellín in Kolumbien, wo es sehr viel Gewalt gibt. Wir sind häufig Zeugen von Gewalttaten, halten uns selbst aber heraus. Die Leute wissen von unserer Arbeit und stören uns normalerweise nicht dabei.

Unsere Arbeit unterscheidet sich sehr von der Arbeit anderer Organisationen, die armen Leuten helfen. Das soll nicht heißen, daß das eine besser ist als das andere – ich glaube, auf beiden Seiten wird Gutes getan –, aber es gibt viele Bemühungen, die Armen an der Hand zu nehmen und ihnen zu helfen, ihren Stand zu verlassen, aus der Situation herauszutreten, die sie arm gemacht hat. Das ist ein lohnendes Bestreben, besonders, wenn man Ausbildungsplätze anbietet, aber es kann zu einem politischen Thema werden. Die Armen, für die zu arbeiten die Missionarinnen und Missionsbrüder der Nächstenliebe sich berufen fühlen, sind diejenigen, die immer in irgendeiner Weise von anderen abhängig bleiben werden, ganz gleich, was man für sie tut. Wir werden dauernd gefragt:

›Warum bringen Sie einem Mann nicht das Fischen bei, statt ihm einen Fisch zu schenken?‹ Und wir antworten, daß die Mehrzahl unserer Armen nicht einmal die Kraft aufbringen würde, eine Angelrute zu halten. Und oft glaube ich, daß an diesem Punkt Verwirrung – und manchmal Kritik – entsteht, was unsere Arbeit angeht, denn zwischen unseren Armen und anderen armen Menschen wird kein Unterschied gemacht.
Jemandem bei seiner Entwicklung zu helfen ist sicherlich eine lohnende Sache, aber unsere armen Leute brauchen keine Entwicklung. Wenn ein Mann stirbt, ist keine Zeit dazu, nachzuforschen, warum er sich in diesem Zustand befindet, und alle sozialen Hilfsprogramme aufzuzählen, die das hätten verhindern können. Wir sagen: ›Laßt andere an den Problemen arbeiten, die den Mann in diese Lage gebracht haben, wir möchten ihm helfen, jetzt in Frieden und Würde zu sterben.‹ In vielen Fällen bieten wir mehr Kurzzeitpflege an als andere Organisationen und sagen einfach: Dieser Mann oder diese Frau ist in Not – was können wir für sie tun? Wenn politische Veränderungen in Zukunft ihre Situation erleichtern, begrüßen wir sie, aber wir haben weder die Zeit noch die Energie und oft auch nicht die Fähigkeiten, uns groß darum zu kümmern. Gott in seiner Weisheit fügt alles zusammen. Er weiß, daß kein einzelner die gesamte Situation bewältigen kann, daher gibt er bestimmten Menschen ein, in bestimmten Bereichen zu arbeiten, und anderen, anderswo tätig zu werden.«

Es gibt so viel zu tun

Uns erreichen so viele Bitten aus der ganzen Welt, neue Häuser zu eröffnen, und wir tun es ständig. Wir arbeiten jetzt in über 100 Ländern – es ist ein wirkliches Geschenk Gottes, daß wir den Ärmsten der Armen an so vielen Orten rückhaltlos und unentgeltlich dienen können. Wir haben jetzt zum Beispiel Aids-Häuser in Spanien, Portugal, Brasilien und Honduras. In Afrika verrichten wir zwar die Arbeit, haben aber keine bestimmten Häuser dafür, gleiches gilt auch für Haiti. In den USA haben wir Aids-Häuser in New York, Washington, D.C., Baltimore, Dallas, Atlanta, San Francisco und in weiteren Städten. In diesen Monaten eröffnen wir unser erstes Haus für Aids-Patienten in Indien, in Bombay.

Außerdem haben wir soeben ein Waisenhaus in Washington eröffnet, und seit einer Weile schon hoffen wir darauf, ein Haus in China einrichten zu dürfen. Es gibt immer noch mehr zu tun, aber der folgende Bericht von Schwester Dolores zeigt, welche Freude es machen kann, ein neues Haus zu eröffnen:

»1965 bat uns der Bischof von Cocorote, ein Haus in Venezuela zu eröffnen. Es war eine große Freude für mich, zu den Schwestern im ersten Haus zu gehören, das Mutter außerhalb Indiens eröffnete. Sie wollte nur Ordensschwestern hinschicken, die die ewigen Gelübde abgelegt hatten, und ich war damals noch im Juniorat, aber sie fragte uns immer, ob es Freiwillige gäbe, und alle hoben die Hand. Ich war zu der Zeit in Delhi und half einer anderen Schwester im dortigen Kinderheim, und es ergab sich eine Gelegenheit, mit Mutter zusammen zu sein. Sie nahm mich auf die Seite und sagte: ›Jesus möchte, daß du nach Venezuela gehst.‹ Ich war sehr glücklich, daß es Gottes Plan für mich war, dorthin zu gehen, und so kam es, daß eine Gruppe von uns am 26. Juli 1965 in Venezuela eintraf. Heute wird jedes Jahr an diesem Tag ein Dankgottesdienst für die Ankunft der Schwestern abgehalten, und in dem Haus dort wird auch ein besonderes Fest für die Armen organisiert.

Als wir ankamen, hatten wir keine Ahnung von der Sprache oder den Gebräuchen der Menschen. Sie waren völlig anders, aber das war wiederum die Herausforderung, vor die Gott uns stellte. Alle empfingen uns freudig und brachten uns ein paar Wörter bei, und als wir die gelernt hatten, halfen sie uns, indem sie unsere Sätze vervollständigten, denn wir hatten keine Zeit, uns hinzusetzen und die Sprache zu lernen. Cocorote war eine schöne Missionsstation für mich, und die Menschen dort liegen mir sehr am Herzen, selbst jetzt noch, nach all den Jahren.

Kardinal O'Connor war es, der uns 1985 half, in New York unser erstes Haus für Aids-Patienten zu eröffnen. Das Bedürfnis war ursprünglich im Gefängnis Sing Sing entstanden, und von dort stammten auch unsere ersten Patienten. Sie wurden normalerweise ins St.-Clare-Hospital oder ins Bellevue- oder ins Mount-Sinai-Krankenhaus gebracht, und dort besuchten wir sie. Wenn es dann angebracht war, daß sie zu uns kamen, taten sie das. Normalerweise waren es die, die von anderen abgewiesen wurden oder die niemanden hatten und viel Bitterkeit im Herzen trugen. Mit den letzten Stadien des Lebens zurechtzukommen ist schwer, also nahmen wir uns Zeit, eine familiäre Atmosphäre unter ihnen zu schaffen – wir aßen zusammen und sprachen, beteten und spielten miteinander. Viele hatten keine enge Bindung an ihre Familien, aber nachdem sie eine Weile bei uns gewesen waren und durch die Gnade Gottes, wurden sie mit ihren Eltern zusammengebracht. Manche schrieben Briefe, und andere riefen an. Und als wir mehr wurden, kümmerten die Kranken sich gegenseitig umeinander, und das mitzuerleben war immer wunderbar.«

Die Ansteckungskraft – Das einfache Handeln

Unsere Arbeit nimmt kein Ende, unsere Häuser sind voll. Die Probleme der Armen dauern fort, also geht auch unsere Arbeit weiter. Doch jeder, nicht nur die Missionarinnen der Nächstenliebe, kann etwas Schönes für Gott tun, indem er oder sie sich den armen Leuten im eigenen Land zuwendet. Ich sehe bei den Menschen kein Zögern, anderen zu helfen. Ich sehe nur Menschen, die angefüllt sind mit der Liebe Gottes und die Werke der Liebe verrichten wollen. Das ist die Zukunft – das ist Gottes Wunsch für uns, durch tätige Liebe zu dienen und vom Heiligen Geist erleuchtet zu werden, zu handeln, wenn wir gerufen werden.

Ohne unsere ehrenamtlichen Helferinnen und Helfer wären wir nicht in der Lage, unsere Arbeit zu bewältigen. Sie kommen aus verschiedenen Schichten, Kulturen und Religionen, doch wir verlangen von ihnen nur, daß sie fähig sind, anderen Liebe und Zeit zu schenken. Wir begrüßen sie mit diesen Worten, die auf einem Plakat im Mutterhaus stehen:

> Du kommst, um Christus zu dienen,
> in den Verkrüppelten, den Kranken und den Sterbenden.
> Wir sind glücklich und dankbar, daß du diese Gelegenheit ergreifst, Zeuge von Gottes tätiger Liebe zu sein.
> Denke daran, daß es Christus ist, der durch uns wirkt – wir sind bloße Werkzeuge seines Dienens. Es kommt nicht darauf an, wieviel wir tun, sondern mit wieviel Liebe wir es tun.

Schwester Dolores hat viel Erfahrung in der Arbeit mit den Helfern, und sie gibt uns folgenden Rat:

> »Helferinnen und Helfer, die bei uns arbeiten wollen, müssen aufgeschlossen und zu jeder Arbeit bereit sein, denn so möchte Gott uns alle haben. Die meisten arbeiten im Geiste Mutter Teresas und der Missionarinnen der Nächstenliebe mit den Schwestern und Brüdern zusammen, denn unser Weg unterscheidet sich vollkommen von der Welt draußen und von dem anderer wohltätiger Organisationen. Unser Weg ist einfach, und die, die herkommen, um zu helfen und sich an der Arbeit zu beteiligen, müssen sie mit uns zusammen tun.

Wenn wir zum Beispiel sagen: ›Bringe diese Patientin hier ins Krankenhaus‹ oder ›Bade sie jetzt einfach‹, muß die Helferin oder der Helfer offen dafür sein, das zu tun, denn wir haben keine Regeln, die wir befolgen. Doch die Männer und Frauen, die zu uns kommen, arbeiten sehr hart.«

Schwester Theresina in London stimmt dem zu:

»Ehrenamtliche Helferinnen und Helfer sind uns eine große Stütze, und wir sind in gewissem Sinne auf sie angewiesen, auch wenn wir bereit sein müssen, alles selbst zu machen. Wenn wir Hilfe brauchen, beten wir darum, und wenn sie nicht kommt, bitten wir die Armen, uns zu helfen, und das tun sie sehr gern. Auf unsere einfache Weise schaffen wir es immer – wir kochen eine Mahlzeit und servieren sie. Es geht darum, diesen Dienst, diese Hilfe, ständig anzubieten, und wenn freiwillige Helfer kommen, können wir einfach mehr leisten.«

Im folgenden beschreibt eine unserer Helferinnen, was man beim Aushelfen sowohl geben als auch empfangen kann. Mary ist Ärztin und hat eine Weile bei uns in Kalighat gearbeitet:

»Stellen Sie sich vor, Sie kommen irgendwo hin, und jemand sagt zu Ihnen: ›Baden Sie den Mann da.‹ Es ist ein unglaubliches Privileg, daß man nicht zu sagen braucht, wer man ist, nötig ist nur, daß man bereit ist, zu helfen – und danach wird man beurteilt. Das ist eines der Merkmale bei Mutter

Teresas Arbeit – sie läßt die Leute in Kontakt mit den Armen kommen. Das ist für uns genauso gut wie für die Armen. Wir überqueren diese ungeheure Kluft, wissen Sie, es sind dann nicht mehr einfach diese ›Millionen‹ armer Menschen, sondern es ist jemand, den man selbst berührt hat.«

Tätige Liebe

In diesem Abschnitt berichten einige unserer Laienhelferinnen und -helfer aus der ganzen Welt von ihren Erfahrungen mit dem Dienst an den Armen und wie sie festgestellt haben, daß sie in ihrer Umgebung zu Hause etwas tun können.

Die Helfer, die nach Kalkutta kommen, helfen meistens bei den Kranken und Sterbenden oder in unserem Kinderheim Shishu Bhavan. Es sind schöne Menschen, die sehr großzügig geben. Viele bringen große Opfer, um hierher zu kommen, um sich an der Arbeit, die Armen zu lieben, zu beteiligen und die Nähe Jesu zu spüren. Hier zu sein gibt einigen die Möglichkeit, ihre Liebe zu ihm zu vertiefen:

Donna
»Ich bin von der Ausbildung her Krankenschwester und habe mir in Schottland, wo ich herkomme, eine Weile frei genommen, um zu reisen. Ich arbeitete gerade in Sydney, als mir ganz plötzlich der Gedanke kam, den Missionarinnen der Mutter Teresa zu helfen. Ich bin nicht katholisch – ich wurde als schottische Presbyterianerin erzogen,

und mein Vater ist Atheist. Ich glaube, meine Entscheidung, nach Indien zu gehen, fiel, nachdem ich den Film *Gandhi* gesehen hatte. Ich interessierte mich weniger für die indische Geschichte als für seine Philosophie und das selbstlose und bescheidene Leben, das er führte. Es reizte mich, die Verbindung zwischen Gandhis Philosophie und der Philosophie Mutter Teresas zu entdecken.
Nachdem ich dann nach Kalkutta geschrieben hatte und dorthin eingeladen worden war, begann ich, in Shishu Bhavan, dem Kinderheim, zu arbeiten. Mein erster Eindruck vom Mutterhaus und den anderen Häusern waren ihre Einfachheit und ihr Friede. Sie waren wie stille Häfen in dem ganzen Krach und Dreck, den ich auf den Straßen von Kalkutta erlebte.
Seit ich mit den Missionarinnen der Nächstenliebe zusammengearbeitet habe, hat sich in meinem Leben einiges verändert, würde ich sagen – man kann sich dort nicht aufhalten, für wie kurze Zeit auch immer, ohne daß eine größere Veränderung im eigenen Leben stattfindet. Ich bin nicht mehr schockiert, wenn ich Armut und Schmutz sehe, und ich bin jetzt praktischer, wenn es darum geht, was ich für arme Leute tun kann.
Ich weiß, daß ich mich, wenn ich nach Hause komme, wahrscheinlich in der Obdachlosenarbeit engagieren werde. Und in der Nähe der Schwestern mit ihrem unauslöschlichen Glauben zu sein hat mich getröstet, hat mir geholfen, diese Arbeit zu tun – ihre Freude und ihr Glaube sind nämlich ansteckend. Es sieht so aus, als würden alle, die

herkommen und als Helfer mitarbeiten, die Botschaft verstehen und sie mitnehmen, um sie zu Hause in die Tat umzusetzen. Tu *etwas*, darum geht es, und wir brauchen nicht ständig nach Kalkutta zu kommen und zu versuchen, wie die Schwestern zu sein, um das zu beherzigen.«

Linda

»Ich habe es so erlebt, als wäre nicht ich es, die nach Kalkutta wollte. Es war fast so, als würde ich da hingeschubst. Sicher, ich wußte einfach, daß es genau das richtige war, nach Kalkutta zu gehen, daß es eine Berufung war. Ich glaube, viele, die als freiwillige Helferinnen nach Indien gehen, glauben, sie hätten sich bewußt dafür entschieden, aber eigentlich geschieht das auf einer anderen, tieferen Ebene. Die Helfer, die ich kennengelernt habe, haben alle diese innere Stimme gehört, die mit ihnen gesprochen hat – plötzlich war ihnen einfach klar, daß sie es tun mußten. Das Elend, der Krach und der Schmutz in Indien haben mich anfangs ganz nervös gemacht, und ein, zwei Tage bin ich ganz benebelt herumgelaufen, bis ich mich daran gewöhnt hatte. Dann habe ich angefangen, in Shishu Bhavan zu arbeiten, in dem Kinderheim. Vormittags habe ich da gearbeitet, und nachmittags hatte ich dann frei. In den ersten paar Tagen war ich ganz euphorisch – ich dachte: ›Ich bin so toll, ich mache diese ganzen tollen Sachen mit den Kindern, die ich hier betreue, ich gebe ihnen so wahnsinnig viel Liebe, und sie lächeln mich einfach an und lieben mich.‹ Ich fühlte mich so großartig und so heilig! Und dann, nach drei Tagen, bin ich total zusammengebrochen, denn plötzlich wurde mir klar, daß ich ein schlechter Mensch war, weil ich nur für kurze Zeit dort mitarbeitete. Ich spielte mit diesen Kindern, knuddelte sie, schenkte ihnen ganz viel Zuwendung, und wenn meine Zeit zu Ende war, würde ich einfach wieder in mein nettes, kuscheliges Zuhause nach England zurückkehren, zu meinem netten, ruhigen Job und meinem wöchentlichen Gehalt. Ich gab einem Baby Bonbons und nahm sie ihm dann wieder weg. Ich fing an zu weinen, ich hatte mich so wohl gefühlt, hatte gedacht, ich wäre so ein guter Mensch, und jetzt erkannte ich, daß ich das nicht war, denn ich machte die Arbeit für mich, nicht für sie. Ich half, weil jemand in mir Hilfe brauchte. Ich gab die Liebe an etwas in mir weiter, das Heilung brauchte, und das war mein Bedürfnis nach Liebe.

Eine Helferin, die schon viel länger da war als ich, tröstete mich und sagte: ›Was auch immer du gibst, wie wenig es auch ist, sie würden es nicht bekommen, wenn du nicht hergekommen wärst oder es ihnen nicht gegeben hättest. Jede Helferin, die nach dir kommt, gibt ihnen ein bißchen mehr.‹ Daraufhin bewunderte ich die Schwestern nur noch mehr. In ihrem Leben der Hingabe denken sie nie an sich. Sie sind wirklich in Gottes Hand, und das ist schön. Es ist so selten, daß man jemanden sieht, der sich einer Sache wie dieser so völlig hingibt. Das wird mich mein Leben lang beeinflussen. Und, wie das Evangelium sagt, ich bekam viel mehr, als ich gab. Ich verließ Kalkutta mit dem Gefühl, daß es ein ganz besonderer Ort ist, daß Gott dort am Werk ist, daß eine gute Macht dort tätig ist.«

Judith

»Ich habe in Melbourne in Australien in einem Heim für obdachlose Alkoholiker mit den Armen gearbeitet, und das habe ich während meines ganzen Studiums getan. Es hat mir wirklich Spaß gemacht, und mir wurde klar, daß ich versuchen wollte, in einem anderen Land etwas im Fürsorgebereich zu machen. Das hatte ich immer im Hinterkopf, bis dann aus verschiedenen Gründen der richtige Zeitpunkt gekommen war, um Australien zu verlassen. Ich kam nach Kalkutta, weil ich den Orden der Loreto-Schwestern kennenlernen wollte, denn in Australien war ich bei ihnen zur Schule gegangen. Ich hatte vor, zuerst einmal Englisch zu unterrichten, aber ich lernte die Helferinnen dort kennen und wurde Vollzeithelferin bei den Missionarinnen der Nächstenliebe. Ich bin jetzt sechs Monate hier, und mir gefällt die Art, wie wir arbeiten. Ich gehe nach Kalighat, ins Sterbehaus, und jeden Morgen um acht beginnt Schwester Dolores unsere Arbeit dort mit einer Andacht, und jede von uns spricht fünf oder zehn Minuten (mit Schwester Dolores) über ihre Erfahrungen, ihre Gedanken, erzählt, was sie erlebt hat. Das ist vollkommen freiwillig und soll nicht ausgesprochen religiös sein – alle möglichen Leute kommen her, mit völlig verschiedenen Ansichten, aber es ist notwendig, daß wir diese Zeit haben, bevor wir an die Arbeit gehen.

Man muß wirklich vergessen, was man gelernt hat,

denn das hier ist kein Krankenhaus, es ist ein Zuhause. Die Pflege mag auf das Nötigste beschränkt sein, aber sie ist nicht nachlässig. Es gibt viel zu erleben, und manchmal fühle ich mich ziemlich zerbrechlich und bin traurig angesichts des Leidens. Nach ein paar Monaten hier hat mich das ganz durchtränkt, so sehr, daß ich mit einfachen Aufgaben nicht mehr klar kam, zum Beispiel konnte ich eine Frau nicht mehr versorgen, die sich wundgelegen hatte. Ich konnte keine Wunde mehr verbinden, denn ich war emotional leer. Ich nahm drei Wochen Urlaub – die Schwestern urteilen überhaupt nicht und ermutigen uns, uns frei zu nehmen, uns um uns selbst zu kümmern, denn sie wissen, wie schwer die Arbeit sein kann. Als ich von meiner Pause zurückkam, habe ich drei Monate hintereinander gearbeitet, und diese drei Monate waren die beste Zeit, die ich hier hatte. Ich verspüre ein Gefühl der Befriedigung, daß ich mir erlaube, dieses Leiden zu erleben. Kalighat ist außergewöhnlich, weil wir jeden Tag mit Leben und Tod leben. Seit ich hier bin, habe ich meinen katholischen Glauben erneuert. Wenn ich die religiöse, christliche Erfahrung, die ich hier mache, bedenke, fühle ich mich sehr lebendig. Es ist jetzt keine Frage des Glaubens mehr, es ist einfach das Wissen, daß in mir etwas ist, das atmet. Ich bin den ganzen Tag vom Tod umgeben und bin ganz ergriffen davon, wie würdevoll dieser Dienst an den Frauen (die Helferinnen arbeiten mit den Frauen) ist, die herkommen, um eingekleidet, verköstigt und wie Menschen behandelt zu werden, nachdem sie wie Tiere gelebt haben. Für mich ist das Wichtige, daß jemand bei diesen

Frauen ist, wenn sie sterben, Menschen, die sich wirklich um sie kümmern, die dafür sorgen, daß sie sauber sind und ähnliches. Der Tod ist außerordentlich würdevoll – das ist das Wichtige an Kalighat.
Ich weiß, daß ich weiterhin mit den Armen arbeiten werde, weil mir das Befriedigung gibt und mich glücklich macht. Ich bin hier glücklicher als je zuvor, das sollte ich nicht übersehen. Da steckt etwas drin, da ist etwas. Im Rückblick sehe ich, wie unglücklich ich in der Vergangenheit war – viele meiner Bekannten haben dieses Gefühl, diese Ruhelosigkeit, und reden sich selbst ein, sie wären zufrieden.«

Michael
»Meine Frau und ich haben vor zwei Jahren eine Gesellschaft mit dem Namen TRACKS (Training Resources And Care for Kids – Ausbildungsmöglichkeiten und Betreuung für Kinder) gegründet, nachdem wir die Not der Kinder gesehen hatten, die auf dem Bahnsteig vom Howrah-Bahnhof in Kalkutta leben und um die sich kaum jemand kümmert. Die Missionsbrüder der Nächstenliebe kommen vormittags her, machen ihre Runden und sorgen für medizinische Betreuung, aber wir konnten sehen, daß sie nicht in der Lage waren, allen Problemen abzuhelfen. Manchmal fanden wir zum Beispiel Babys, die auf dem Bahnsteig geboren oder ausgesetzt worden waren, oder wir sahen, wie die größeren Jungen die kleineren Jungen und Mädchen sexuell mißbrauchten – und es gab keinen Schutz für diese kleinen Kinder.
Wir hatten nichts, als wir an fingen, aber als wir

Mutter Teresa um ein paar Vorräte baten, gab sie uns für den Start Medikamente. Wenn eines unserer Kinder sehr krank ist und ständige Pflege braucht, nehmen die Schwestern von Shishu Bhavan es auf. Wir sind einige Male festgenommen worden, aber dann schrieb Mutter Teresa unseretwegen einen Brief an den Bahnhofsvorstand, und seitdem machen sie uns kaum noch Schwierigkeiten.
Unsere Arbeit besteht darin, pro Tag durchschnittlich 35 bis 40 Kinder im Alter von einem bis sechzehn Jahren zu betreuen. Wir stellen ganztags einen Arzt, eine Krankenschwester und zwei Lehrer, und wir haben einen Spieleleiter und Sanitätsoffizier und drei Helfer aus verschiedenen anderen Ländern. Wir unterrichten die Kinder in einer Schule – die Grundfächer, die wir abdecken, sind Mathematik und Geographie und wie man in der Gesellschaft lebt, denn es ist kein formaler Unterricht, und wir können die Kinder hier darauf vorbereiten, auf reguläre Schulen zu gehen. Wir halten den gesamten Unterricht in drei Sprachen ab: Hindi, Bengali und Englisch.«

Penny
»Wie so viele andere Helferinnen, die ich kennengelernt habe, bin auch ich ›durch Zufall‹ in Kalkutta gelandet. Genaugenommen habe ich dort nur Station auf meiner Reise nach Australien gemacht. Ich war zu der Zeit Schönheitstherapeutin, hatte gerade meine Scheidung hinter mir, und eine alte Freundin hatte mir ein Ticket geschenkt, damit ich sie besuchen konnte. Ich kam im YWCA (Young Women's

Christian Association/CVJF) an und wurde sofort von dieser Frau begrüßt, die die Arbeit der freiwilligen Helferinnen der Missionarinnen der Nächstenliebe koordinierte. Sie sagte: ›Ich habe gebetet, daß jemand kommt, und da sind Sie angekommen.‹ Sie fragte mich, ob ich ihr helfen könnte, in die Slums zu gehen und Kinder einzuladen, an einem Krippenspiel im Mutterhaus teilzunehmen. Da stand ich nun in meinem engen Röckchen und auf meinen hohen Absätzen – können Sie sich das vorstellen?
Ein paar Tage später ging ich zum erstenmal nach Kalighat. Es war ein schrecklicher Schock für mich – als Schönheitstherapeutin war ich daran gewöhnt, daß alles hübsch und blitzblank war und gut duftete, es war also ein ziemlicher Schreck. Als eine der Schwestern mich bat, eine Frau zu waschen, dachte ich, das ist unmöglich. Ich konnte einfach nicht. Ich stand bloß da. Die Schwester rief mich zu sich und sagte: ›Bitte, Penny. Nimm sie mit ins Badezimmer.‹ Ich weinte nur und sagte, das könnte ich nicht. Also sagte sie: ›Gut, komm mal mit‹, und sie hob dieses kleine Knochenbündel auf, denn mehr war diese Frau nicht, und trug sie ins Badezimmer. Selbst jetzt muß ich noch weinen – in dem Raum war nicht viel Licht, und ich war immer noch wie gelähmt. Dann wurde der ganze Raum plötzlich hell! Eben noch hatte ich gesagt: ›Ich kann das nicht‹, und jetzt wurde mir klar, daß ich es natürlich doch konnte.
Als ich eines dieser religiösen Bilder sah, die sie da an den Wänden hängen haben – es war der Leib Christi –, wurde mir ganz plötzlich klar, daß jeder, wer es auch sein mag, Christus sein kann. Nicht

nur diese alte, von der Krätze zerfressene Frau, sondern die ganze Welt war der Leib Christi. Ich erkannte, daß ich das, was ich für einen Menschen tat, für jeden tun konnte.
Ich blieb sechs Monate lang, und als ich Kalkutta verließ, sagte ich zu Mutter Teresa: ›Ich komme wieder.‹ Sie antwortete: ›Du kommst nicht wieder – da, wo du lebst, gibt es viel zu tun. Da wird etwas passieren, Gott wird dir sagen, was du tun sollst.‹ Ich war immer frustriert gewesen, weil ich meinen Klientinnen nicht bei den psychischen Problemen helfen konnte, die auftauchten, wenn ich ihnen Schönheitsbehandlungen gab. Ich hatte festgestellt, daß Frauen, sobald sie sich in der Umkleidekabine auszogen, zu Kindern wurden, zu Menschen, die ganz viel loswerden mußten. Dann fingen wir an zu reden, und sie rückten mit diesen ganzen Problemen heraus, mit denen ich nicht umgehen konnte. Ich konnte ihnen wohl helfen, sich zu entspannen, aber gegen das, was auch immer es sein mochte, was in ihrem tiefsten Inneren weh tat, konnte ich nichts machen. Mir ging auf, daß ich zusätzlich eine Ausbildung zur Psychotherapeutin machen könnte – und das habe ich getan.
Wenn ältere Menschen mir jetzt erzählen, ihr Leben sei so festgefahren und sie seien zu alt, um sich noch zu ändern, dann sage ich: ›Tut mir leid, aber da muß ich widersprechen, und ich habe damit Erfahrung – ich habe mit achtundvierzig Jahren mein Leben völlig umgekrempelt.‹«

Auf den vorangegangen Seiten wurden Erfahrungen

der Menschen beschrieben, die uns in Kalkutta geholfen haben. Aber ich sage noch einmal, daß du nicht nach Indien zu kommen brauchst, um anderen Liebe zu schenken – die Straße, in der du wohnst, kann dein Nirmal Hriday sein. Du kannst den Armen in deinem eigenen Land helfen, wie die folgende Geschichte zeigt:

Dave

»Ich habe Anfang 1994 mit der ehrenamtlichen Arbeit bei den Missionarinnen und Missionsbrüdern der Nächstenliebe begonnen, nachdem ich vor dem Fernseher gesessen und die schrecklichen Ereignisse in Ruanda und Somalia gesehen hatte. Meine Frau war gerade auf einer Geschäftsreise, daher war ich allein und hatte keine Verpflichtungen. Während ich die Nachrichten sah, dachte ich: ›Mein Gott, da muß sehr viel zu tun sein und an so vielen Orten, und so viel wird gebraucht, jemand sollte da hinfahren und etwas tun.‹ Und dann merkte ich, wie ich dachte: ›Und du sitzt hier, mach also was oder halt den Mund‹, also sagte ich mir zu dem Zeitpunkt, daß ich mich umhören würde, ob es eine Organisation gäbe, die meine nicht vorhandenen Talente nutzen könnte, denn ich habe keine besonderen Fähigkeiten. Zuerst arbeitete ich bei den Karmeliterinnen in Washington. Ich arbeitete zwei Abende pro Woche in einem Obdachlosenheim für Frauen, die größtenteils drogensüchtig, Alkoholikerinnen oder frühere Prostituierte waren oder gerade aus dem Gefängnis entlassen worden waren. Es war ein gefährlicher Ort, aber ich habe viel über die Obdachlosen gelernt. Wir sehen in ihnen näm-

lich Besucher von einem anderen Stern. Wir kommen nie auf die Idee, uns hinzuhocken und mit ihnen zu sprechen, denn wir denken, daß sie vielleicht gewalttätig oder geisteskrank sein könnten, aber nach meiner Erfahrung kommen solche Fälle normalerweise selten vor. Die meisten Obdachlosen sind ruhige, sanfte Menschen, bei denen einfach etwas schiefgegangen ist. Sie waren verletzlich und eher selbst gefährdet als gefährlich.
Als Mutter Teresa vor ein paar Jahren nach Washington kam, weiß ich noch, wie bei diesem Kongreßempfang im Kapitol ein Senator zu ihr sagte: ›Mutter, sie leisten großartige Arbeit‹, worauf sie antwortete: ›Es ist Gottes Arbeit.‹ Da sagte er: ›Aber in Indien, wo es doch so unendlich viele Probleme gibt, können Sie da mit dem, was Sie tun, jemals Erfolg haben – ist es nicht hoffnungslos, das zu versuchen?‹ Sie erwiderte: ›Herr Senator, wir sind nicht immer dazu berufen, erfolgreich zu sein, aber wir sind immer dazu berufen zu glauben.‹ Ihre Antwort traf mich im tiefsten Innern.
Als wir dann nach Europa zogen, wandte ich mich an die Missionarinnen der Nächstenliebe, die mir eine Arbeit als ehrenamtlicher Helfer in London anboten, und da bin ich seitdem. Jeden Morgen freue ich mich, daß ich hier bin – das überrascht mich selbst, aber es stimmt. Ich denke: ›Gott sei Dank, und jetzt ran an die Arbeit‹, und ich fange den Tag immer voller Freude an, anders als bei anderen Jobs, die ich hatte – bei weltlichen, bezahlten Arbeitsstellen –, da war ich immer unzufrieden. Hier stimmt das, was ich tue, mit meiner in-

neren Überzeugung überein. Es gibt keinen Konflikt zwischen Fühlen und Denken und Tun.«

Gerry
»Ich habe herausgefunden, daß es ein unmöglicher und wohl auch überheblicher Gedanke ist, daß die Welt verändert werden müßte. Wenn sie dir so, wie sie ist, nicht paßt, dann ändere dich selbst. Das habe ich getan, in meiner Familie und bei meiner Arbeit und in meinem Leben. Dadurch, daß ich mich geändert habe, kann ich anderen intensiver nahekommen. Früher war ich Kettenraucher und habe 95 Kilo gewogen, und ich habe es in die Hand genommen, mit dieser Selbstzerstörung aufzuhören. Ich habe angefangen, jeden Tag zu laufen, und habe abgenommen und bin viel gesünder geworden. Vor ein paar Jahren saß mir beim Joggen immer ein kleines Männchen im Ohr, das sagte: ›Du mußt etwas für Gott tun.‹ Ich hatte keine Ahnung, was das sein könnte. Dann entdeckte ich eine Anzeige in unserem Gemeindeblatt. Da stand: ›Gesucht: Junger Mann, der Nonnen im Obdachlosenheim für junge Männer in der South Bronx hilft‹, also rief ich da an und fuhr hin. Ich sagte: ›Schwester, ich suche nach diesem Obdachlosenheim‹, und sie sagte: ›Gehen Sie um die Ecke.‹ Sie nahm offensichtlich an, daß ich Hilfe brauchte. Die Schwestern haben eine Regel, daß sie zuerst die Leute aufnehmen, die letzte Nacht schon da waren, und alle Neuen müssen ganz bis zum Schluß warten. Also stand ich da und sah diese ganzen hilflosen, obdachlosen Drogensüchtigen und Alkoholiker, und

ich ging gleich ganz nach vorn, als die Tür aufgemacht wurde, aber sie sagten: ›Warten Sie bitte.‹ Also gut, denke ich, dann warte ich eben – und ich setze mich wieder ins Auto, denn es ist ziemlich kühl. Da draußen stehen die anderen, und nach ungefähr drei Versuchen, als sie mir immer noch sagen, ich solle warten, werde ich ärgerlich – vielleicht lasse ich es bleiben. Es ist kalt, es wird dunkel, und ich frage mich: ›Warum stehe ich hier eigentlich?‹ Ich bin der letzte.
Endlich klingle ich, sie machen auf, und ich sage: ›Mein Name ist Gerry, ich wollte hier helfen.‹ Die Schwester sagt: ›Oh, wir haben auf Sie gewartet!‹, und da wußte ich, daß sie mich gewonnen hatten, denn sie sagte: ›Sie sind mit den Armen draußen in der Kälte gewesen.‹ Und an dieser Tür sitze ich jetzt seit dreizehn Jahren zweimal pro Woche. Jedesmal, wenn ich einem Mann sagen muß, daß er warten soll: ›Bitte noch etwas Geduld‹, ist mir sehr bewußt, was für ein Gefühl das ist.
Ich bin jetzt Vollzeithelfer und habe dabei geholfen, in anderen Teilen der Vereinigten Staaten Häuser für die Schwestern zu eröffnen, unter anderem in New Mexico bei den Navajo-Indianern. Als ich mit der Arbeit anfing und mit betrunkenen Männern zu tun hatte, die an die Tür kamen, fiel es mir sehr schwer, Jesus in der erschütternden Verkleidung der Armen zu sehen. Aber ich merkte, daß ich es weiter versuchen mußte, daß ich weiter hinsehen und weitermachen mußte, denn die Armen hier sind nicht so wie in Kalkutta und Mexiko. Bei uns leiden die Menschen stärker unter einer spiri-

tuellen Armut. In Amerika ist das vielleicht dem moralischen Niedergang zuzuschreiben und der Tatsache, daß man, wenn man arm ist, einfach nicht in die Gesellschaft paßt. Deswegen tun wir in der South Bronx das, was wir tun, aber es stoßen nicht viele Helfer zu uns, denn es ist nötig, daß die Helfer ständig hier leben, und die meisten wollen das in dieser Gegend nicht.«

Katie und Ken
»Kens Großeltern stammen aus Indien, und wir wollten sie besuchen, beschlossen aber, nicht eine normale Touristenreise zu machen, sondern einige Zeit dort zu verbringen, indem wir bei den Schwestern in Kalkutta arbeiteten. Seitdem helfen wir den Missionarinnen der Nächstenliebe hier in London. Letztes Jahr, als wir Urlaub in Israel machten, hatten wir die Idee, nach Nablus in den israelisch besetzten Gebieten zu fahren, wo die Schwestern unter sehr schwierigen Umständen Kinder und alte Menschen aus palästinensischen Flüchtlingslagern betreuen. Man riet uns, nicht hinzufahren, denn es ist eine gefährliche Gegend, aber da wir nun schon einmal im Land waren und der Ort nur etwa 80 Kilometer nördlich von Jerusalem liegt, kam es gar nicht in Frage, daß wir in Jerusalem blieben und die Schwestern nicht besuchten.
Wir haben nicht viel getan, außer ihnen ein paar Sachen mitzubringen, aber ich glaube, sie haben sich sehr gefreut, daß wir uns die Mühe gemacht haben. Sie haben ein schönes Haus mit Garten drumherum, und fünf Schwestern und ein alter

italienischer Priester leben dort. Aber sie sind sehr auf sich gestellt und wurden bedroht, sogar von den Palästinensern, die zuerst dachten, sie wären jüdische Siedler, weil ihre blauweißen Saris wie die israelische Flagge aussehen! Die Palästinenser haben Steine nach ihnen geworfen, aber jetzt bringen sie ihre behinderten Kinder und ihre Alten zu den Schwestern hinaus. Wir haben wirklich viel daraus gelernt, den Schwestern bei ihrer Arbeit zu helfen. Dazu gehört, daß man weniger verletzlich wird, wenn man sich mit der Verletzlichkeit anderer beschäftigt statt mit der eigenen. Wir haben gemerkt, daß wir, wenn wir ganz damit beschäftigt sind, anderen zu helfen, überall, eigentlich gar keine Zeit haben, uns um unsere eigenen Ängste Gedanken zu machen – und so verlieren sie an Bedeutung.«

Nigel
»Ich habe Mutter Teresa 1969 kennengelernt, als unser Schulpastor sie zu einem Besuch einlud. Er hatte in Rom bei den Schwestern mitgearbeitet. Ich war dreizehn, und sie wirkte auf mich wie jede andere alte Dame, aber ich weiß noch, daß mir das, was sie an jenem Tag nach der Messe in der Kapelle sagte, neu und anders erschien.
Unser Priester stellte Schülergruppen zusammen und organisierte Fahrten nach Italien, wo wir mit den Schwestern zusammenarbeiteten. Zu jener Zeit, in den frühen siebziger Jahren, gab es in Italien noch Elendsviertel. Die Kids dort hatten nicht viel zu tun und waren durch tragische Umstände ganz auf sich

gestellt. Wir organisierten sportliche Aktivitäten und alles mögliche für sie – und sie hatten viel Spaß.

Als ich die Universität verlassen hatte, wollte ich der Gesellschaft etwas wiedergeben. Also beschloß ich, einige Zeit bei den Schwestern zu arbeiten. Es war eine äußerst wertvolle Erfahrung – obwohl ich, glaube ich, zwei Jahre brauchte, bis ich allmählich dahinterkam, um was es ging. Besonders gut gefiel mir die Fröhlichkeit der Schwestern, aber auch die Art, wie sie so gut mit allen auskamen.

Wir wohnten in dem Haus in Kilburn in London ganz schön beengt, aber es zog viele Leute an, nicht nur die Obdachlosen, sondern auch junge Leute, alte Leute, alle möglichen Leute, die mitmachen wollten. Und am anderen Ende des Viertels war eine Unterkunft mit vierzehn Betten für obdachlose Männer. Hin und wieder organisierten die Schwestern Ausflüge. Wir gingen dann morgens um halb sechs überall herum durch Haupt- und Nebenstraßen, und verteilten Einladungen. Wer mitkommen wollte, kam mit. Das fand ich gut.

Wenn man die Typen kennenlernte, das merkte ich, guckte man hinter die Etiketten, die wir sonst benutzen, wie ›Alkoholiker‹ oder ›Drogensüchtiger‹ – man sah die Menschen, und sie wurden zu Freunden. Niemand versuchte, ihnen etwas zu verkaufen. Mutter sagt, daß sie in allen Häusern auf der ganzen Welt verschenken, was ihnen geschenkt wurde. Das finde ich sehr schön. Viele Leute, die ins Haus kamen und da übernachteten, sagten: ›Müssen wir was bezahlen?‹ oder ›Zahlt das der Staat?‹ Sie fragten: ›Wie kann das umsonst sein?‹, und wir sagten: ›Weil wir es umsonst bekommen haben.‹

Ich hatte in einer Lebensphase viele Probleme in der Familie. Meine Mutter war acht Jahre lang schwer krank. Geisteskrankheit, Depression, und körperlich krank, sie hatte Parkinson. Es kam einfach alles auf einmal. Als ich meine Mutter baden mußte, merkte ich, daß ich damit Barrieren überwand. Ich kann das nicht erklären, aber als meine Mutter schwach war, wurde ich ziemlich stark. Ich machte eine Woche Ferien und fuhr dazu in das Haus in Kilburn zurück und stellte fest, daß die Arbeit in dieser Umgebung, mit vielen Menschen, die ich schon kannte, mich so stärkte, daß ich nach Hause fahren und mich um meine eigene Familie kümmern konnte. Als meine Mutter starb, kehrte ich wieder zu den Männern im Haus in Kilburn zurück – die ganzen alten Bekannten waren jetzt für *mich* da, und ich bekam viel Wärme und Trost. Ich kenne viele, die gern als ehrenamtliche Helfer arbeiten oder sonst etwas tun würden, um anderen zu helfen, aber normalerweise scheuen sie die Probleme, die damit verbunden sein können. Die Schwestern haben an allen möglichen Orten Häuser, wo es politische Auseinandersetzungen und Gefährdungen durch Gewalt gibt, und manche sagen: ›Da will ich nicht hin – es ist unsicher‹, aber ich sage dann: ›Geh trotzdem hin, lerne die Realität kennen durch die Missionarinnen der Nächstenliebe oder wodurch auch immer.‹ Die meisten von uns haben sogar Angst, rauszugehen und beim Nachbarn an die Tür zu klopfen – viele von uns kennen ihre Nachbarn nicht einmal. Gehen Sie das Risiko ein: Manche werden Sie vielleicht wegschicken, aber andere bieten Ihnen vielleicht auch ihre Freundschaft an. Durch Kontakt können viele Probleme, die man allein mit sich herumträgt, gelöst werden. Es ist unmöglich, einsam zu sein, wenn man auf andere zugeht, besonders dort, wo man zu Hause ist. Es ist etwas Gegenseitiges – man gibt und man empfängt.«

Mary
»Ich habe als Helferin in Kalighat gearbeitet und mich den Menschen dort ganz nah gefühlt. Es war eine große Ehre, im Sterbehaus zu dienen, auf diese Weise mit den Armen in Kontakt zu kommen, die ungeheure Kluft zwischen Ost und West, zwischen den Kulturen und den Schichten zu überbrücken und jemanden tatsächlich auf der Ebene zu berühren, auf der das dort möglich ist. Als ich aus Indien nach London zurückkam, kriegte ich einen Schock – mir fiel auf, daß dort alles viel künstlicher, steriler, durchorganisierter ist. Aber ich versuchte hier weiter, Kontakt mit den Armen aufzunehmen, auch wenn das schwerer war. Zum Beispiel kam ich jeden Tag, wenn ich zur Arbeit ging, unter einer Brücke an einem Obdachlosen vorbei. Eines Tages bemerkte ich, wie jemand anders morgens auf dem Weg ins Büro eine Thermosflasche und ein paar Butterbrote dort hinlegte und die Thermosflasche dann auf dem Rückweg wieder abholte. Also kam ich darauf, eine Apfelsine daneben zu legen – das machte ich jeden Tag und sagte einfach ›Hallo‹, und dabei spürte ich, daß ein

geistiger Kontakt zu den Schwestern entstand –, ich spüre den Graben zwischen den Ländern und den Kulturen jetzt nicht mehr so stark. Wie Mutter Teresa sagt: ›Wir sind bloß Kiesel, die ins Meer geworfen werden und Kreise erzeugen‹, und ein Kreis kann durch einen kleinen Dienst entstehen, und das ist der Anfang von vielen, nicht wahr?«

Hier beschreibt eine der Helferinnen in Los Angeles, wie sie den Brüdern in einer ihrer Missionsstationen half – und etwas entdeckte, das ihr zuerst wie eine andere Welt erschien. Aber sie lernte, wie die bereits zu Wort gekommenen Helfer auch, wie man, indem man einem anderen Menschen hilft, sich zugleich selbst helfen kann.

Geraldine
»Eines Tages bot ich den Brüdern an, ihnen auf ihren Rundgängen zu helfen, und erlebte einen Tag, den ich nicht so bald vergessen werde.
Jeden Samstag und Sonntag verteilen die Missionsbrüder der Nächstenliebe und ihre Mitarbeiter auf den Straßen Lebensmittel an die Obdachlosen. An dem Tag, als ich mitfuhr, um ihnen zu helfen, fuhr Bruder Luke den Lieferwagen, und als wir in ein Seitensträßchen einbogen, sagte er: ›Bereite dich innerlich vor, denn das hier ist schrecklich, wir nennen es Hotel zur Hölle.‹ Als wir uns dem Hotel näherten, war außer Müllbergen nichts zu sehen. Dann sahen wir als erstes eine Frau, die in einem Pappkartonhaus saß. Bruder Luke und ich stiegen aus, und der Gestank nach Müll und Urin war unglaublich. Er

nahm uns fast den Atem. Wir gingen in dieses aufgegebene Hotel hinein, da war ein offener Hof, der voller Müll lag. Wir fingen an zu rufen, daß wir Essen und Trinken hätten. Langsam kamen die Leute, die dort lebten, zu uns heraus. Sie waren so in Not, ihre Körper waren ausgemergelt, sie waren krank, hungrig, und sie wohnten in diesem Haus, das wie die Hölle wirkte. Als ich sah, wie sie aus dem Gebäude herauskamen, mußte ich an einen Horrorfilm denken, als würden sie von den Toten auferstehen. Ich war von dem Anblick, dem Geruch und der grenzenlosen Verzweiflung dort überwältigt.
Während ich Obst und Sandwiches verteilte, kam eine Frau namens Margarita auf mich zu. Sie war krank, griff sich an die Kehle und konnte kaum sprechen. Sie fragte, ob ich wüßte, wo sie eine Klinik finden könnte, um Medizin zu bekommen, und das wußte ich natürlich nicht. Ich bat Bruder Luke, herüberzukommen, und er meinte, die Brüder würden einen Arzt kennen, der Straßenbesuche machte, und den könnten wir rufen. Margarita sagte, sie würde auf einer Matratze unter einem Baum auf der anderen Seite des Hotels wohnen. Wir versicherten ihr, daß wir mit Hilfe zurückkehren würden. Als wir wieder in den Lieferwagen eingestiegen waren, begannen die Tränen zu fließen, und ich konnte sie nicht aufhalten. Ich weinte über die Verzweiflung und Hoffnungslosigkeit, es erschien mir schlimmer als alles, was ich in den letzten Jahren erlebt hatte.
Abends, etwa um neun Uhr, kam Dr. Bill, ein Mitarbeiter der Brüder und Unfallarzt an einem Krankenhaus in Los Angeles. Wir fuhren sofort los, um

Margarita zu suchen. Sie lag auf ihrer Matratze gleich hinter dem Hotel zur Hölle. Aber inzwischen war sie im Delirium und hatte mindestens vierzig Grad Fieber. Um diese Uhrzeit auf diesen Straßen zu sein war eine völlig neue Erfahrung für mich. Nur drei Meter weiter wurde mit Drogen gehandelt, und die Aktivitäten um uns herum wirkten wie Schleichhandel. Dr. Bill erklärte einer anderen Obdachlosen, wie Margarita ihre Medikamente einnehmen sollte. Währenddessen ging ich zu ihr hin und fand sie, fest zusammengerollt wie ein Fötus und am ganzen Körper zitternd, auf ihrer Matratze. Sie war in schmierige Decken gewickelt und voller Fliegen, wie man sie auf den verhungernden Menschen in Afrika sieht. Ich kniete mich neben sie und begann, sanft und liebevoll ihren Unterarm zu streicheln. Das machte ich drei oder vier Minuten lang. Zu meinem Erstaunen spürte ich, daß sie sich entspannte. Ihr Körper streckte sich, und das Zittern ließ nach. Margarita wirkte friedlich und ruhig, obwohl sie sehr krank war und wahrscheinlich einen Crack-Entzug durchmachte. Weil sie krank war, konnte sie nicht als Prostituierte arbeiten, um ihre Drogensucht zu finanzieren.

Ich habe viel Zeit gebraucht, um zu verarbeiten, was dort geschehen ist. Ich glaube wirklich, daß wir Kanäle für Gottes heilende Energie sind und daß wir diese Energie an andere weitergeben können. Nicht so sicher bin ich allerdings, wer in dieser Situation geheilt wurde. Als ich in Los Angeles ankam, fühlte ich mich wie zerschlagen, es war ein Chaos, denn ich hatte meine Arbeit aufgegeben, die ich achtzehn

Jahre lang gemacht hatte, und setzte mich auf vielen Ebenen mit dem Kummer über eine Menge Dinge auseinander. Das Erlebnis mit Margarita war insofern bedeutungsvoll, als ich lange Zeit nicht über den Schmerz eines anderen Menschen geweint hatte. In meinem eigenen Schmerz zu baden, so gerechtfertigt das auch eine Weile lang gewesen sein mochte, erschien mir nach dem, was ich im Hotel zur Hölle erlebt hatte, einfach zu unwichtig.
Ich fühlte mich Margarita wirklich verbunden. Am nächsten Tag besuchten wir sie, brachten ihr ein bißchen Hühnersuppe und sauberes Trinkwasser mit. Ihr Zustand besserte sich langsam, und sie war so dankbar für unsere Hilfe. Und ich begann mich zu fragen: Warum Margarita und nicht ich? Mein Verstand sagte mir, daß dieses Geheimnis des Lebens nicht so einfach zu durchschauen sei, aber ich glaube, die Herausforderung für mich liegt darin, ein Leben und eine Lebensweise zu schaffen, die von diesem Geheimnis zeugen.«

Peter

»Mit zwölf Jahren habe ich einen Film über Gladys Ailwood gesehen, ein Zimmermädchen ohne Geld und besondere Ausbildung, die aber entschlossen war, Missionarin zu werden. Schließlich ging sie nach China, wo sie während des Krieges mehr als 200 Kinder über die Berge brachte, um sie vor den Kämpfen zu retten. Und ich dachte, genau das möchte ich auch eines Tages tun!
Wie die meisten Teenager ging ich dann auf Distanz zur Kirche und arbeitete in der Modebranche. Ich

war während der Punk-Ära in den siebziger Jahren Fotomodell, ein merkwürdiger Beruf, aber es machte mir großen Spaß.
Eines Tages wollte ich einfach ein bißchen Frieden, und jemand sagte mir, ich sollte doch in eine Kirche gehen. Es war ein normaler Gottesdienst, aber gegen Ende sprach der Priester über diese Frau namens Mutter Teresa und all diese Schwestern. Ich hatte noch nie von ihr gehört und wollte mehr herausbekommen. Also ging ich ins Haus der Missionarinnen der Nächstenliebe in London und sprach mit der Mutter Oberin, die sagte: ›Wann möchten Sie anfangen? Wie wär's mit nächstem Samstag?‹ Jetzt arbeite ich seit über dreizehn Jahren bei den Schwestern, und sie sind mir wie meine eigenen Schwestern – ich würde alles für sie tun. Ich glaube, ich habe damals nach etwas gesucht, etwas, wo ich für andere nützlich sein konnte. Wenn ich den Schwestern in der Suppenküche half oder auf ihren nächtlichen Rundgängen dabei war und mit den Menschen auf der Straße sprach, wußte ich einfach, daß das, was ich tat, richtig für mich war. Meine Prioritäten haben sich vollkommen verändert. Nach einer Weile beschloß ich, daß ich in einem Pflegeberuf arbeiten wollte, obwohl ich wußte, daß ich dabei buchstäblich nur ein Viertel von dem Geld bekommen würde, was ich vorher verdient hatte. Jetzt arbeite ich in einem Krebskrankenhaus in London. Ich bin Pfleger, daher bringe ich hauptsächlich Patienten in den OP und hole sie wieder ab. Ich sehe Menschen, die sich nicht beklagen, obwohl sie allen Grund dazu hätten – die haben so viel Mumm in den

Knochen. Manchmal kommt es vor, daß Leute mich ansprechen, die zum Beispiel einen Angehörigen verloren haben und sich mir anvertrauen, obwohl ich sie gar nicht kenne. Es ist wie ein psychologisches Beratungsgespräch, es fällt mir wie von selbst zu, erst anschließend denke ich darüber nach.

Im Krankenhaus wissen sie von meiner Arbeit bei den Missionarinnen der Nächstenliebe, und sie sind sehr großzügig und stellen eine Menge Medikamente zur Verfügung, die ich nach Kalkutta schicke. Ich habe einige Patenschaften für Kinder übernommen, so viele, wie ich mir bei meinem Lohn leisten kann, und Walt Disney schickt mir eine Menge Zeug – Spielzeug und Ansteckfiguren für die Kinder in Shishu Bhavan.

Ich glaube, ich habe allmählich erkannt, daß man um so glücklicher ist, je weniger man besitzt. Wenn du siehst, wie einfach die Schwestern leben, kann das dein eigenes Leben total verändern. Die Einfachheit ist es, die ich liebe.

Ich glaube, der einfachste Weg ist der leichteste Weg zu Gott.«

Ich freue mich immer, wenn ich Geschichten von anderen höre, die ihren Dienst anbieten, wo sie Bedürftigkeit sehen. Neulich kam eine Gruppe junger Hindus zu mir. Die jungen Männer sagten, sie hätten beschlossen, eine Gesellschaft namens HOPE, Hoffnung, zu gründen, deren Ziel darin bestünde, den Hoffnungslosen zu helfen. Also legten sie ihr ganzes Geld zusammen und gingen auf den Markt und kauften siebzig Matratzen für die Häftlinge im

Gefängnis. Sie opferten ihr Geld, um diese Gabe zu verschenken, und sagten niemandem, wo das Geschenk herkam.

Die folgenden Gebete zählen zu meinen Lieblingsgebeten. Ich verschicke sie an unsere Mitarbeiter, an ehrenamtliche Helfer, und ich gebe sie Besuchern, als Führung und Hilfe bei ihrem Dienst an anderen:

Lieber Gott, hilf mir, Deinen Duft
zu verbreiten, wohin ich auch gehe.
Überflute meine Seele mit Deinem Geist und Leben.
Durchdringe mein ganzes Wesen
und nimm es so vollständig in Besitz,
daß mein ganzes Leben nichts anderes ist
als ein Abglanz des Deinen.
Leuchte durch mich, und sei so in mir,
daß jede Seele, der ich begegne,
Deine Gegenwart in meiner Seele spüren kann.
Laß sie aufschauen und nicht mehr mich,
sondern nur noch Dich sehen, o Herr.
Bleibe bei mir, und dann werde ich beginnen,
so zu leuchten, wie Du leuchtest;
so zu leuchten, daß ich anderen
ein Licht bin.
Das Licht, o Herr wird ganz von Dir kommen,
nichts davon wird von mir sein,
Du wirst es sein, der durch mich
auf andere scheint.
Daher will ich Dich so preisen,
wie es Dir am liebsten ist, indem ich
auf die Menschen um mich herum scheine.

Laß mich Dich predigen, ohne zu predigen,
nicht mit Worten, sondern durch mein Beispiel,
durch die Ansteckungskraft,
den teilnehmenden Einfluß meiner Taten,
die offenbare Fülle der Liebe zu Dir,
die ich im Herzen trage.

(Kardinal Newman)

Mache uns wert, Herr, unseren Mitmenschen
auf der ganzen Welt, die in Armut
und Hunger leben und sterben,
zu dienen.
Gib ihnen, durch unsere Hand,
heute ihr tägliches Brot;
und schenke durch unsere verstehende Liebe
Frieden und Freude.

(Papst Paul VI.)

Friede

Die Frucht des Dienens
ist der Friede

Werke der Liebe sind immer Werke des Friedens. Immer, wenn du Liebe an andere weitergibst, wirst du den Frieden spüren, der zu dir kommt und zu ihnen. Wo Friede ist, da ist Gott – auf diese Weise berührt Gott unser Leben und zeigt seine Liebe für uns, indem er nämlich Frieden und Freude in unsere Herzen gießt.

Führe mich vom Tod zum Leben
Von der Falschheit zur Wahrheit
Führe mich aus der Verzweiflung zur Hoffnung
Aus der Angst zur Wahrheit
Führe mich vom Haß zur Liebe
Vom Krieg zum Frieden
Laß Frieden unsere Herzen erfüllen
Unsere Welt, unser Universum
Friede, Friede, Friede.

Viele unserer Häuser auf der ganzen Welt heißen entweder »Liebesgabe« oder »Friedensgabe«, weil wir Gott dankbar sind für seine Gnade. Wir bieten diese Häuser den Armen als Orte des Trostes an, aber nur Gott kann unsere Arbeit vollenden, wie

Schwester Dolores und anschließend Bruder Geoff erklären:

»Alle, die nach Nirmal Hriday kommen, brauchen sowohl körperliche als auch seelische Heilung. Wir können für Berührung, Behaglichkeit und neue Kräfte im physischen Heilprozeß sorgen, aber für die seelische Heilung müssen wir uns an Gott wenden. Im Wissen um unsere Stärken und unsere Schwächen wenden wir uns also an den Herrn, denn wir alle tragen unsere früheren Verletzungen mit uns herum, und er hat für alles ein Heilmittel. Es ist einfach: Wenn wir uns nur an ihn wenden, wird er uns diese innere Heilung bringen, diese seelische Heilung, so daß wir unser Leben heiliger und gottgefälliger gestalten können.«

»Wenn wir zum Ziel haben, einem kranken Menschen physisch zu helfen, und wir ihm unsere ganze Fürsorge widmen, die von unserem Bestreben, ihn zu lieben, bestimmt ist, dann hat das auch seelische Auswirkungen. Bei der physischen Heilung sieht man die Krankheit und entscheidet, wieviel Arznei gebraucht wird. Das sind logische, rationale Schritte. Auf der seelischen Ebene läßt man geschehen, was immer geschieht, denn es gibt keine Beurteilung, und je liebevoller man mit dem Menschen umgeht, desto mehr wird auf seelischer Ebene mit ihm und mit einem selbst geschehen. Es ist immer besser, nichts zu erwarten. Lasse Gott auf seine Weise wirken, und dann geschieht tatsächlich etwas. Ich habe natürlich Menschen gesehen, bei denen sich dieser Wandel äußerte, die zeigten, daß sie sich in irgendeiner Weise stärker bewußt waren, daß Gott sie liebte. Das kommt vielleicht nicht in Worten zum Ausdruck, sondern wird eher in ihrem Verhalten sichtbar: Ein Friede senkt sich auf sie herab. Viele behinderte Menschen zum Beispiel verhalten sich ziemlich selbstzerstörerisch – sie schlagen mit dem Kopf gegen die Wand und zerreißen ihre Kleider und Matratzen –, aber wenn sie ein wenig mehr Zuwendung bekommen oder freundlicher behandelt werden, dann findet eine merkliche Wandlung statt. Wir wissen nie richtig, was in ihnen vorgeht, aber uns ist klar, daß sich in ihrem tiefsten Inneren eine Heilung vollzieht.«

Diese seelische Heilung scheint viele der Menschen zu erreichen, mit denen wir arbeiten – die Heiler und die Geheilten erleben gemeinsam Gottes Frieden. Sarah, eine unserer Helferinnen in einem Aids-Haus in den Vereinigten Staaten, berichtet uns von einigen Beobachtungen bei ihrer Arbeit und von der Wirkung, die die Arbeit auf sie hat:

»Die Menschen, die in dieses Haus kommen und wissen, daß sie letztendlich hier sterben werden, finden einen sehr friedlichen Ort vor, an dem sie ausruhen können und wo sie, wenn sie auch nur den leisesten Wunsch danach haben, Gott kennenlernen können – auf eine Weise, die für sie richtig ist. Zum Beispiel glauben manche an Reinkarnation und andere nicht. Wir führen lange Gespräche über Gott und das Leben nach dem Tod miteinander und vergleichen unsere Vorstellungen von die-

sem Leben hier und davon, wie das nächste Leben aussehen könnte. Alle, mit denen ich gesprochen habe, glauben ganz fest an Gott. Manchmal, besonders wenn sie kurz vor dem Tod stehen, nehmen sie den Glauben der Schwestern an und bitten um die Taufe, aber sie wird ihnen nie aufgedrängt.
Ich habe festgestellt, daß die Arbeit hier die Ereignisse in meinem Leben relativiert, ihnen das richtige Gewicht gibt. Wenn ich im Büro bin, befinde ich mich in der sogenannten ›richtigen‹ Welt, aber als ich dann anfing, einen Tag in der Woche bei den Missionarinnen der Nächstenliebe zu helfen, wurde mir klar, daß das die richtige Welt war, nicht die andere. Das Haus hat nichts Großartiges und ist nicht schön, aber die Leute hier sind echte Menschen, die wiedergeboren werden, weil sie im Sterben liegen. Die Leute in der Stadt sind zwar lebendig, aber sie leben eigentlich überhaupt nicht.
Die Arbeit im Haus hat mich gelehrt, was in diesem Leben wichtig ist, und mir klargemacht, daß es nach diesem Leben ein anderes Leben gibt. Viele meiner Bekannten verbringen ihr Leben, ohne auch nur den geringsten Gedanken an ein Leben nach dem Tod zu verschwenden. Gott hat mir etwas gezeigt, nämlich daß er jeden liebt, wer bin ich also, daß ich jemand anderen kritisieren dürfte? Als Folge meiner Arbeit bei den Missionarinnen der Nächstenliebe ist mein Leben intensiver und reicher geworden, und zwischen der materiellen und der geistigen Ebene herrscht jetzt ein viel besseres Gleichgewicht. Ich habe Frieden gefunden.«

Schwester Dolores berichtet ergänzend von ihren Erfahrungen mit dem Frieden Gottes, die sie bei der Arbeit mit den Sterbenden gemacht hat:

»Viele Männer, die in unsere Aids-Häuser kommen, sind anfangs völlig verzweifelt. Aber nach der liebevollen Fürsorge unserer Schwestern und Helferinnen finden sie im Herzen Frieden. So ist es für sie wirklich ein Nachhausekommen, wenn sie in unsere Häuser kommen. Viele sagen: ›Das hier wird das letzte Haus sein, in dem ich lebe, der letzte Ort, an dem ich mich aufhalte‹, und ich sage dann immer: ›Nein, der vorletzte. Von hier aus müssen Sie in ihre wahre Heimat gehen, wo Ihr himmlischer Vater auf Sie wartet.‹ Und viele sehnen sich danach, fortzugehen.
Wenn ich in seinen letzten Augenblicken bei einem Menschen bin und alles friedlich ist, weil er diese Welt verläßt, werde ich daran erinnert, daß wir das irgendwann alle durchmachen müssen. Ich habe eine große Sehnsucht danach, selbst auch friedlich, auf diese schöne Art, hinübergehen zu können. Es ist uns allen zugedacht, zu Gott zurückzukehren – wir kommen von ihm, und wir gehen zu ihm zurück; indem wir also anderen in ihren letzten Momenten zur Seite stehen, wird uns selbst auch geholfen.«

Schwester Theresina erinnert sich an einen Mann, der das Haus in London besuchte und ihr einen Brief schrieb:

»Nachdem er uns besucht hatte, schrieb er, bei uns

hätte er gefunden, was er nicht kaufen und auch allein nicht finden konnte – seelischen Frieden. Er schrieb, er sei in bestimmten Zeiten seines Lebens sehr reich gewesen, und in diesen Zeiten hätte er am wenigsten Frieden gehabt.«

Indem man sich selbst vergißt, findet man sich

Wir haben ein Recht darauf, glücklich und in Frieden zu leben. Wir sind dazu geschaffen – wir sind dazu geboren, glücklich zu sein –, und wahres Glück und wahren Frieden können wir nur finden, wenn wir Gott lieben: In der Liebe zu Gott ist Freude, großes Glück liegt in der Liebe zu ihm. Viele Menschen, besonders im Westen, glauben, Geld würde sie glücklich machen. Ich glaube, glücklich zu sein muß schwerer sein, wenn man reich ist, weil es dann wohl schwieriger ist, Gott zu sehen: Man hat so viel anderes, worüber man nachdenken muß. Wenn Gott dir jedoch die Gabe des Reichtums geschenkt hat, dann verwende sie für seinen Zweck – hilf anderen, hilf den Armen, schaffe Arbeitsplätze, gib anderen Arbeit. Verschwende deinen Reichtum nicht, denn Nahrung, ein Zuhause, Würde, Freiheit, Gesundheit und eine Ausbildung zu haben, sind auch Gaben von Gott, und deswegen müssen wir denen helfen, die nicht soviel Glück haben wie wir.

Jesus hat gesagt: »Was ihr dem geringsten unter meinen Brüdern tut, das tut ihr mir.« Die einzige Traurigkeit, die ich kenne, verspüre ich dann, wenn ich etwas falsch mache, wenn ich unseren Herrn auf irgendeine Weise verletze, durch Selbstsucht oder Unbarmherzigkeit zum Beispiel. Wenn wir die Armen verletzen, und wenn wir uns gegenseitig verletzen, dann verletzen wir Gott.

Gott gibt alles und Gott nimmt alles, teile daher, was dir gegeben wurde, und das schließt auch dich selbst ein. Das folgende Gedicht wurde in San Francisco von einem Aids-Patienten geschrieben, der bei uns wohnt, und es handelt von der Freude des Teilens und der Freundschaft:

Als Freund kümmert es mich nicht, nicht mich,
Wie Götter oder Menschen mir unrecht tun, mich niederschlagen.
Seine Worte genügen als Stern für die Reise.
Ich sehe und preise ihn still.
Als Freund begehre ich weder Gold,
Noch die königliche Gabe, ihm Vergnügen zu schenken, sondern ich sitze bei ihm und lasse ihn meine Hand halten.
Geht Reichtum, denke ich, über den Schatz an Münzen hinaus?
Als Freund begehre ich nur Kunst,
Eine weiße, reine Flamme, die mich sucht, während ich,
In krakeliger Schrift aus pochendem Herzen,
Die Hymne an die Schönheit nachzeichne, die auf seinem Gesicht geschrieben steht.
Obwohl ich von Geburt an ein Suchender bin,
Ist hier alles, was ich auf Erden gelernt habe.
Es ist das Geschenk meines Wissens –
Rat geben, einen Feind zu kaufen.

Finde bloß wahllose Wahrheiten,
Kleben wie Kletten im Kopf,
Heile eine Blase, verbrenne einen alten Brief,
Und der junge Mann sagte: »Sprich zu uns von Freundschaft.«
Und er antwortete, indem er sagte:
»Dein Freund ist die Erfüllung deiner Bedürfnisse.
Er ist dein Feld, das du mit Liebe einsäst
Und mit Dank erntest.
Und er ist dein Tisch und dein wärmendes Feuer,
Denn du kommst mit deinem Hunger zu ihm
Und suchst bei ihm Frieden.«

Sei in diesem Augenblick glücklich, das genügt. Wir brauchen nicht mehr als den Augenblick. Sei jetzt glücklich, und wenn du durch deine Handlungen zeigst, daß du andere liebst, auch die, die ärmer sind als du, schenkst du auch ihnen Glück. Es erfordert nicht viel – es kann einfach ein Lächeln sein. Die Welt wäre viel besser, wenn alle mehr lächeln würden. Also lächle, sei fröhlich, freue dich, daß Gott dich liebt.

Die folgenden Zeilen sind das Gebet um Frieden, das vom heiligen Franz von Assisi verfaßt wurde. Wir beten es jeden Tag. Es ist eine Erinnerung daran, wie wir in unserem Leben Frieden schaffen können, indem wir uns selbst mit offenem und reinem Herzen anderen schenken:

Herr, mache mich zum Werkzeug Deines Friedens,
Wo Haß ist, laß mich Liebe bringen;
Wo Unrecht ist, laß mich den Geist der Vergebung bringen;
Wo Zwietracht ist, laß mich Harmonie bringen;

Wo Irrtum ist, laß mich Wahrheit bringen;
Wo Zweifel ist, laß mich Glauben bringen;
Wo Verzweiflung ist, laß mich Hoffnung bringen;
Wo Schatten ist, laß mich Licht bringen;
Wo Traurigkeit ist, laß mich Freude bringen;
Herr, gib, daß ich eher danach strebe zu trösten,
als mich trösten zu lassen,
Zu verstehen, als verstanden zu werden,
Zu lieben, als geliebt zu werden.
Denn indem man sich vergißt, findet man sich;
Indem man vergibt, wird einem vergeben;
Indem man stirbt, erwacht man zum ewigen Leben.

Es folgen abschließende Worte von drei ehrenamtlichen Mitarbeitern, die Freude und Frieden gefunden haben, indem sie den Armen halfen:

Dave

»Seit ich begonnen habe, hier in London zu arbeiten, bekomme ich so viel mehr, als ich gebe. Meine Arbeit macht mir Freude, aber das bedeutet kein ständiges Gelächter oder eine Party, Freude hat eine ernste Seite. Sie kann unbeschwert und lustig sein, aber auch eine tiefsitzende, friedvolle Freude, wie ein Vater und eine Mutter sie bei der Geburt ihres Kindes erleben würden oder wie man sie am Hochzeitstag verspürt. Ich bin glücklich und froh darüber, hier zu sein, aber ich nehme es ernst – die Arbeit ist ernst –, doch ich mache mir keine Sorgen deswegen. Ich bin viel ruhiger und entspannter, seit ich für andere arbeite.«

John
»In Kalighat zu arbeiten war eine Erfahrung, die mein Leben verändert hat. Ich dachte, ich würde für einen Tag hingehen, aber nach diesem Tag beschloß ich, einen Monat lang täglich dort zu helfen. Ich wußte nur, daß ich mich jeden Nachmittag, wenn ich fertig war und mich ausruhte, so fühlte, als wäre ich im Himmel. Ich will nicht sagen, daß die Schwestern auch dieses Gefühl haben, denn sie tun die Arbeit jeden Tag, aber ich erfuhr einfach einen anderen Aspekt des Lebens, der mir auch zugänglich ist. Die Arbeit gibt dir ein bestimmtes Gefühl, das irgendwie über ein gewöhnliches Gefühl hinausgeht. – Ich weiß eigentlich nicht, wie ich es beschreiben soll, es war einfach Friede. Unendlicher Friede senkte sich Tag für Tag auf mich herab.«

Rupert
»Ich bin erst ein ganzer Mensch geworden, seit ich die Möglichkeit hatte, bei den Missionarinnen der Nächstenliebe zu arbeiten. Niemand ist besser als jemand anders – ich habe einfach gelernt, auf jede Situation und ihre Grenzen mit Menschlichkeit zu reagieren. Je mehr du gibst, desto mehr bekommst du. Und die ganze Zeit, in der du gibst, liebst und hilfst, wird der Welt mehr gegeben, mehr, als wir bei dem einen kleinen Schritt, den wir gemacht haben, jemals ahnen konnten. Es ist, als besäße man so etwas wie eine innige Beziehung zum Herz der Welt.«

Zum Schluß habe ich eine Botschaft des Friedens, und die lautet, daß ihr einander lieben sollt, wie

Gott jeden einzelnen von euch liebt. Jesus kam, um uns die frohe Botschaft zu bringen, daß Gott uns liebt und daß er will, daß wir einander lieben. Und wenn die Zeit kommt, zu sterben und wieder heim zu Gott zu gehen, werden wir ihn sagen hören: »Kommt und nehmt das Reich in Besitz, das euch bereitet ist, denn ich war hungrig, und ihr habt mir zu essen gegeben; ich war nackt, und ihr habt mich gekleidet; ich war krank, und ihr habt mich besucht. Was immer ihr dem Geringsten getan habt, habt ihr mir getan.«

God bless you
M. Teresa mc

Trotzdem

Die Leute sind unvernünftig,
unlogisch und selbstbezogen,
LIEBE SIE TROTZDEM.
Wenn du Gutes tust, werden sie dir
egoistische Motive und Hintergedanken vorwerfen,
TUE TROTZDEM GUTES.
Wenn du erfolgreich bist,
gewinnst du falsche Freunde und echte Feinde,
SEI TROTZDEM ERFOLGREICH.
Das Gute, das du tust, wird morgen vergessen sein,
TUE TROTZDEM GUTES.
Ehrlichkeit und Offenheit machen dich verwundbar,
SEI TROTZDEM EHRLICH UND OFFEN.

Was du in jahrelanger Arbeit aufgebaut hast,
kann über Nacht zerstört werden,
BAUE TROTZDEM.
Deine Hilfe wird wirklich gebraucht,
aber die Leute greifen dich vielleicht an,
wenn du ihnen hilfst,
HILF IHNEN TROTZDEM.
Gib der Welt dein Bestes,
und sie schlagen dir die Zähne aus,
GIB DER WELT TROTZDEM DEIN BESTES.

(Zeilen auf einem Schild an der Wand von Shishu Bhavan, dem Kinderheim in Kalkutta)

Anhang

Wichtige Daten

26. August 1910
Mutter Teresa wird als Agnes Gonxha Bojaxhiu in Skopje, Albanien (heute: Mazedonien), geboren.

1928
Sie tritt in den Orden der Loreto-Schwestern in Irland ein und beginnt in Darjeeling, Indien, ihr Noviziat.

1929-48
Sie unterrichtet Geographie an der St. Mary's High School in Kalkutta und ist viele Jahre Leiterin der Schule.

1948
Sie bekommt vom Papst die Erlaubnis, außerhalb des Klosters zu leben und den »Ärmsten der Armen« auf den Straßen Kalkuttas zu dienen.

1949
Sie nimmt die indische Staatsbürgerschaft an.

1950
Die Kongregation der Missionarinnen der Nächstenliebe wird vom Papst genehmigt und in Kalkutta gegründet.

1952
Das erste Haus in Indien, Nirmal Hriday, wird am Fest des unbefleckten Herzens Mariä gegründet.

1953
Umzug ins Mutterhaus in der Lower Circular Road in Kalkutta.

1960
Bis zu diesem Jahr wurden in Indien 25 Häuser eröffnet.

1965
Die Missionarinnen der Nächstenliebe werden in Rom in den Rang eines Ordens mit pontifikalem Recht erhoben. Das erste Haus außerhalb Indiens wird in Cocorote, Venezuela, eröffnet.

1966
Die Missionsbrüder der Nächstenliebe werden unter Bruder Andrew, ihrem ersten Oberen, gegründet.

1968
Eröffnung von Häusern in Rom und Tansania.

1969
Gründung der Internationalen Vereinigung der Mit-

arbeiterinnen und Mitarbeiter, Eröffnung von Häusern in Australien und Beginn einer starken Ausbreitung ins Ausland.

1971
Eröffnung des ersten Hauses in den USA, in der South Bronx, New York.
Mutter Teresa erhält den Friedenspreis Papst Johannes XXIII.

1975
Die Bruder eröffnen in Vietnam ihr erstes Haus außerhalb Kalkuttas.

1976
Gründung des kontemplativen Zweiges der Missionarinnen der Nächstenliebe, genannt »Schwestern des Wortes«.

1977
Die Brüder eröffnen ein Haus in Hongkong und weitere in Asien.

1979
Verleihung des Friedensnobelpreises an Mutter Teresa.

1980
Von diesem Jahr an werden auf der ganzen Welt Häuser für Drogenabhängige, Prostituierte und mißhandelte Frauen eröffnet. Kampagne gegen Abtreibung durch Förderung der Adoption. Bau von Waisenhäusern und Schulen für arme Kinder.

1985
Gründung eines Hospizes für Aids-Kranke in New York.

1986
Gründung des Zweiges der Laienmissionarinnen der Nächstenliebe.

1988
Missionarinnen der Nächstenliebe werden ausgesandt, um in Rußland zu arbeiten.
Eröffnung eines Hauses für Aids-Kranke in San Francisco.

1991
Mutter Teresa kehrt zum ersten Mal in ihr Geburtsland Albanien (Kosovo) zurück und eröffnet ein Haus in Tirana. Bis zu diesem Jahr wurden in Indien 168 Häuser gegründet.

1995
Die Ausdehnung wird fortgesetzt. Geplant ist, ein Haus in China zu eröffnen.

Der Orden der Missionarinnen und Missionsbrüder der Nächstenliebe

Der Orden besteht aus acht Zweigen:
Die aktiven Schwestern
Die kontemplativen Schwestern

Die aktiven Brüder
Die kontemplativen Brüder
Die Missionspatres
Die Laienmissionarinnen und -missionare
Die ehrenamtlichen Helferinnen und Helfer und die kranken und leidenden Mitarbeiterinnen und Mitarbeiter

Die aktiven und die kontemplativen Schwestern müssen eine Ausbildung von bis zu acht Jahren absolvieren. Sie sieht folgendermaßen aus:
Aspirantin – sechs Monate.
Postulantin – ein beliebiger Zeitraum von bis zu einem Jahr.
Novizin – zwei Jahre. Nach diesem Noviziat legt die Novizin die ersten Gelübde ab und wird dadurch zur Ordensschwester.
Juniorin – fünf Jahre. Die zeitlichen Gelübde werden jedes Jahr erneuert.
Tertiarin – das achte Jahr, nach dem die ewigen Gelübde abgelegt werden. Vor den ewigen Gelübden fährt die Schwester drei Wochen nach Hause, damit sie die Möglichkeit bekommt, zu entscheiden, ob sie ihr Leben lang im Orden bleiben und als Missionarin der Nächstenliebe dienen will.
Das Noviziat kann in Kalkutta, Rom, Manila, Nairobi, San Francisco und Polen absolviert werden.

Die aktiven Schwestern verbringen den Tag mit dem Dienst an den Ärmsten der Armen. Die kontemplativen Schwestern beten den größten Teil des Tages, abgesehen von zwei Stunden, in denen sie ebenfalls in der Gemeinschaft Dienst tun. Die Schwestern unterstehen ihren Regionaloberinnen und manchmal direkt Mutter Teresa.

Die Missionsbrüder und -patres der Nächstenliebe bilden von den Schwestern getrennte Kongegrationen, leben aber im gleichen Geist und legen ebenfalls das Gelübde des rückhaltlosen, unentgeltlichen Dienstes an den Ärmsten der Armen ab. Die Brüder unterstehen dem Leiter ihres Ordens oder ihren Regionaloberen. Die Patres unterstehen ihrem Generaloberen.

Die Missionsbrüder der Nächstenliebe absolvieren nach der anfänglichen »Schnupperphase«, die drei bis zwölf Monate dauert, ein zweijähriges Noviziat. Ein obligatorisches Postulat gibt es für die Brüder nicht. Sie sind aktiver, verrichten aber ähnliche Arbeit wie die Schwestern.

Die Patres sind stärker kontemplativ ausgerichtet, sie beten und lesen die Messe. Sie sind entweder bereits geweihte Priester oder bereiten sich bei den Missionarinnen der Nächstenliebe auf die Priesterweihe vor. Sie müssen ein zweijähriges Noviziat absolvieren, bevor sie ihre Gelübde erneut vor einer neuen Kongregation ablegen, wenn sie bereits Priester sind, bevor sie in den Orden eintreten.

Die Laienmissionarinnen der Nächstenliebe leben ein weltliches Leben, legen aber in den gleichen Zeiträumen die gleichen Gelübde ab wie die Schwestern. Sie können sich direkt an der apostolischen Arbeit der Missionarinnen der Nächstenliebe beteiligen, oder sie können ihr eigenes Apostolat finden, um ihr viertes Gelübde, den »Ärmsten der Armen rückhaltlos und unentgeltlich zu dienen«, in ihrem Leben zu verwirklichen. Sie sind gläubige Menschen, aber sie können entweder ledig oder verheiratet sein und Familie haben.

Die Mitarbeiterinnen und Mitarbeiter. Sie sind ehrenamtliche Helferinnen und Helfer mit starkem religiösem Engagement, die die gleiche Auffassung von der Arbeit haben wie die Missionarinnen der Nächstenliebe und die in ihrem Leben in selbstgewählter Armut und ohne allen Luxus »Gottes Liebe ausstrahlen« wollen. Sie arbeiten mit Angehörigen des Ordens zusammen und unterstehen der Regionaloberin. Sie verbringen ihr Leben mit Gebet und dem Dienst sowohl an ihren Familien als auch an der Allgemeinheit. Auch Priester können Mitarbeiter werden – sie werden als »das religiöse Herz der Familie der Mitarbeiter« bezeichnet. Papst Johannes Paul II. bat darum, als erster Priester in das Priester-Adoptions-Programm aufgenommen zu werden, in dem ein Priester und eine Schwester sich gegenseitig im Gebet adoptieren. Angehörige aller Religionen können Mitarbeiter werden.

Die kranken und leidenden Mitarbeiter. Diese Vereinigung wurde 1969 von Jacqueline de Decker ins Leben gerufen, die sich wegen ihrer Krankheit und Behinderung nicht an der aktiven Arbeit der Mitarbeiterinnen beteiligen konnte. Statt dessen bringen die kranken und leidenden Mitarbeiterinnen ihre Leiden den Armen und der Arbeit der Missionarinnen der Nächstenliebe unter ihnen dar. Ihre Gebete unterstützen die aktiven Missionarinnen bei der Durchführung ihrer Arbeit. Sie werden für die Missionarinnen zu einem »zweiten Ich«, indem sie für ihre Arbeit beten.

Die offizielle Sprache des Ordens ist Englisch.

Häuser der Missionaries of Charity
(Missionarinnen der Nächstenliebe)

DEUTSCHLAND

Elisenstr. 15
45139 Essen

Draisstr. 19
68169 Mannheim

Wrangelstr. 51
10997 Berlin

Budapester Str. 23 c
20395 Hamburg

Gießerstr. 2
09130 Chemnitz

Kidlerstr. 34
81371 München

SCHWEIZ

Feldstr. 3
8004 Zürich

ÖSTERREICH

Mariahilfergürtel 11
1150 Wien

Danksagungen

Ich bin sehr dankbar für die Zeit, die Mutter Teresa und die Missionarinnen und Missionsbrüder der Nächstenliebe ihrer wirklichen Arbeit, den Armen zu helfen, entzogen und uns geschenkt haben, indem sie mit uns sprachen. Ich bin den ehrenamtlichen Helferinnen und Helfern aus der ganzen Welt – mit einigen hatten wir das Glück, zusammenzuarbeiten – sehr dankbar, die uns von ihren Erfahrungen berichteten. In Indien erhielten wir Hilfe und Ratschläge von Naresh und Sunita Kumar, Michael und Jane Anthony und Verwandten von Omer Ahmed. Mein Dank geht an den Verlag Random House für die Ermutigung und Unterstützung, besonders an Fiona MacIntyre und Judith Kendra. Ein besonderes Dankeschön an Nix Picasso für ihre Ideen, ihre Hilfe bei den Interviews und ihr Engagement; an Emma Lever für ihre Forschungen und die Transkription der Interviews und an meine Frau Pene für ihre Hilfe und ihren Rat in allen Bereichen. Die Zusammenarbeit mit Lucinda Vardey hat mir viel Spaß gemacht, und ich danke auch Omer Ahmed, Gony Allen, Gerald und Jane Bray, Enid Davidge, Jean Maclean, Bob und Neil Maclean und Richard Taylor, die alle wissen, welchen

Beitrag sie geleistet haben. Zum Schluß danke ich meinen Eltern für ihre Unterstützung und ihre Ermutigung und meinen kleinen Töchtern dafür, daß sie geduldig gewartet haben, bis ihr Vater Zeit für sie hatte.

Johns Cairns

Ich möchte folgenden Personen danken, die mir bei diesem Projekt geholfen haben: meiner Freundin und Agentin Carolyn Brunton dafür, daß sie mich als Autorin bzw. Herausgeberin für dieses Buch vorgeschlagen hat; Judith Kendra von Rider Books, Random House, dafür, daß sie Vertrauen zu mir hatte und mich so gut in das undurchschaubare Leben in Kalkutta eingeführt hat; Ann Petrie für ihre Großzügigkeit, ihre Unterstützung und ihren klugen Rat; Schwester Priscilla für ihre Ermutigung und die Zusammenarbeit, und John Cairns für seine Überzeugung, sein Engagement und die unermüdlichen Reisen, um den Inhalt dieses Buches zusammenzustellen. Mein Mann, John Dalla Costa, hat mich beraten, unterstützt und zu einem tieferen Verständnis christlichen Lebens geführt, und schließlich gilt meine ewige Dankbarkeit Mutter Teresa selbst, für die Großzügigkeit, mit der sie uns ihren Geist und ihre Zeit geschenkt hat und dafür, daß sie uns an ihrem Glauben hat teilhaben lassen.

Lucinda Vardey